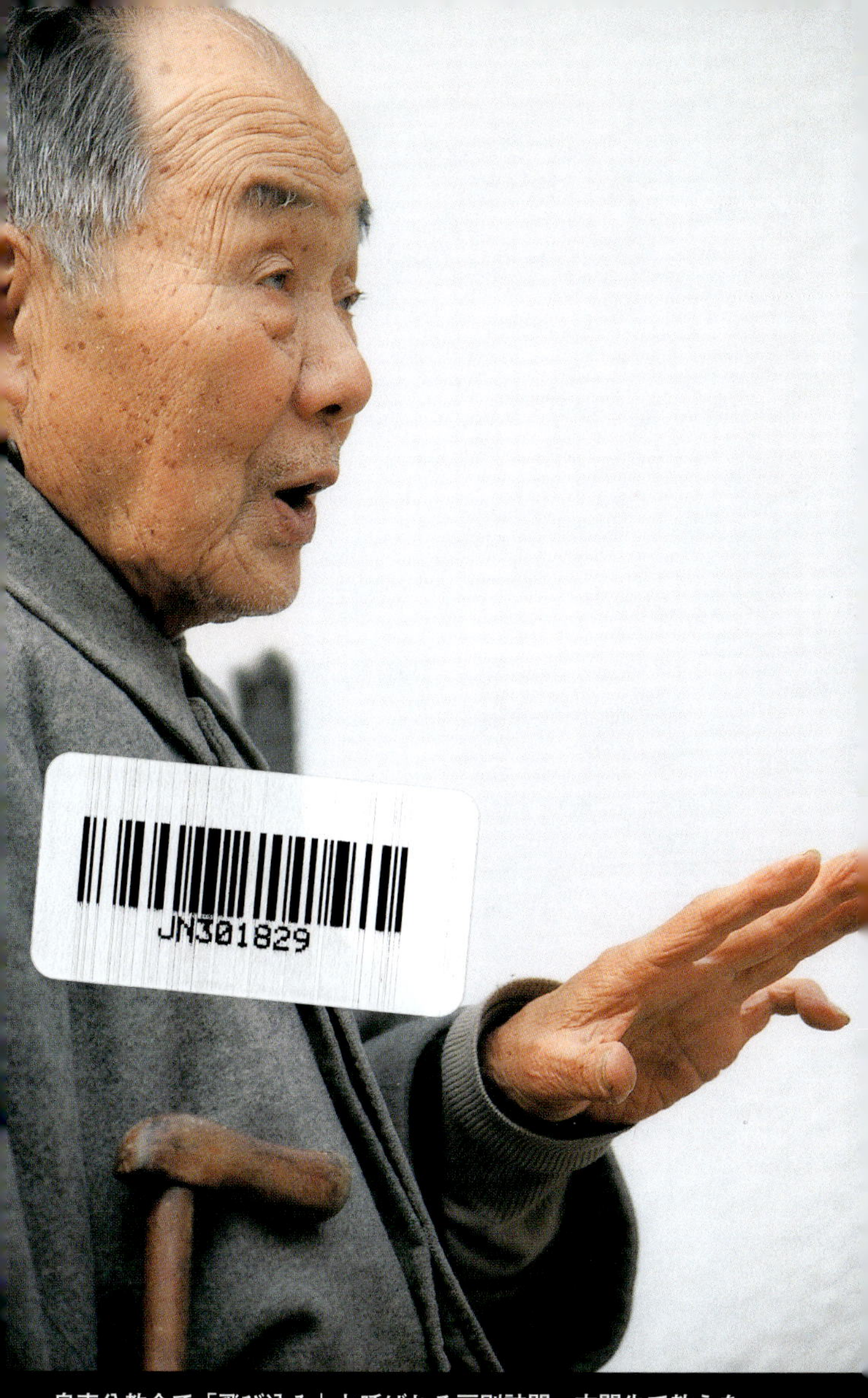

泉東分教会で「飛び込み」と呼ばれる戸別訪問。玄関先で教えを説き、見知らぬ人の心に〝飛び込む〟（平成６年、筆者82歳）

晩年は車いすで、戸別訪問や信者の丹精に回った
（大阪府堺市の教会で）

「国内でも海外布教はできる」と、昭和49年から外国人観光客へのにをいがけを始めた
（奈良・東大寺で）

これからこれが仕事や

村上領一

はじめに

本書は、いまは亡き村上領一《むらかみりょういち》氏（泉東《せんとう》分教会三代会長）が、その晩年、本部調査課（現・調査情報課）のインタビューに答えた話をもとに、同教会が刊行した私家版『これからこれが仕事や』を道友社で再編集したものです。

これは、平成十三（二〇〇一）年一月から一年間にわたって『天理時報』紙上で連載され、読者の皆様から大きな反響を頂きました。連載終了後も、出版化を望む声が相次いで寄せられ、このたびの発刊に際しては、紙幅の関係上やむなく掲載を見送った十編を再録しています。

氏は『稿本天理教教祖伝逸話篇』に登場する村上幸三郎《こうざぶろう》初代会長の孫に当たり、明治四十五（一九一二）年、大阪の地で呱々《ここ》の声をあげられました。

早稲田《わせだ》大学在学中、単独布教師について戸別訪問を始めたことがきっかけで、半世紀にわたり、日々にをいがけ・おたすけにいそしみ、平成十一年九月三日、八十八歳で出直すまで〝生涯一布教師〟の信念を貫かれました。

また、粗衣粗食《そいそしょく》と率先垂範《そっせんすいはん》を旨とし、系統や国を超えて大勢の布教師を育てられたことは、全教挙げて人材育成に取り組む今日、その親心溢《あふ》れる〝人づくり〟の精神に学ぶところは決して小さくないと思われます。

とくに、教祖《おやさま》百二十年祭をめざし「人をたすける心の涵養《かんよう》と実践」をもって成人の歩みを進める三年千日の時旬《ときしゅん》にあって、本書はよふぼく一人ひとりの胸に必ずや、たすけ心の灯《ひ》をともすことでしょう。

なお、本書の編集に当たり、氏の飾り気のない人柄や布教にかける熱い思いをお伝えするため、関西特有の言い回しなどを残してあります。ほかの地域の方々には読みづらい点もあるかと存じますが、ご容赦《ようしゃ》いただければ幸いです。

平成十五年四月

編者しるす

【目　次】

第七章　おさづけの理を信じきる――173

父を語る
――布教ひと筋に生きた八十八年の生涯

村上嗣昭　天理教泉東分教会長　206

装丁・装画――森本　誠

第一章

〝未完成〟が布教意欲を生む

苦労を求めて

形が整ってくると、どうしても中身が薄くなってくる。これは、どの既成宗教でもすでに踏んできたことです。組織ができ、立派な神殿が建ち、政府から優遇される。そうした状態になってくると、気力が抜けてくる。天理教は絶対そんなことはあってはならないですし、また、最後《だめ》の教えですから、そんなことにはならないはずです。けれども、やはり制度が整い形も恵まれてくると、布教意欲というのが薄らいでくる傾向がある。私はそれを一番案じるのです。

形のものが立派にできるとか、また整うとかじゃなくて、せがれたちにはあくまでも、たすけ一条の信念を生涯貫いて通ってもらいたい。

私は、形のものはむしろできないほうがいいという考えを持っているんです。形ができてくると信念が鈍ってくる。「そんなことは絶対にない」と言っていても、だんだん「たぶん……」というふうになる。だから、せがれにも、常に〝未完成〟の状態でいてもらいたいと思うのですね。

この未完成ということですが、いま、どこでも一日の生活が至れり尽くせりになっていますね。そうなってくると、どうしても意欲が欠けてくるように思うのです。「そんなことはない」とおっしゃる方もいるでしょうが、私の目から見るとそうなんです。形のものは作らないということです。私はそういう主義なんです（まあ、教会の神殿だけはそういきませんね）。

私の一番の願いは、常に満たされない未完成の状態に、せがれたちを置いておきたいということです。今は政府の弾圧や世界の反対はありません から、あまり恵まれすぎると、どうしても意欲が出てこない。せがれたち には「苦労を求めて道を歩む」という、常に前向きの姿勢を養わせたくて 今日まで来ました。私の教会生活というのは、自分で言うのもおかしいで すけど、そうなっていると思うのです。

教会で使う道具一つにしても、信者さんや部内教会の使った、いわば〝使い古し〟を頂く。よそでは上級のいらんようになった物を、部内教会が〝お下がり〟としてもらうという。うちは反対で、下から上へ上がってくるようになっています。私はそれで満足しています。私自身が満ち足りた生活を送っていると、気持ちが勇まないからです。

現在の天理教の布教意欲の低下は、あまりにも結構すぎることが最大の原因だと思います。教祖《おやさま》百二十年祭に向かって、よふぼくは求めて不自由、苦労の中に身を置いて、つとめとさづけに対する姿勢を正してゆかねばならないと思います。

「道の辻で会うても」

私は四十年ほど戸別訪問に回っていますが、道々出会うのはキリスト教と朝起会《あさおきかい》ばかりで、天理教の人にはめったに会いません。これは、いかににをいがけをやっていないかという証拠なのです。もっともっと天理教の人同士が街角でぶつかって、「あんたもにをいがけですか、ご苦労さんですな」とあいさつが交わせて当たり前なんです。

でも、それがありませんね。ですから、にをいがけに出ていても、非常に心細く思います。

キリスト教などを見ますと、世界中のほとんどの国で布教していて、約二十億の信徒がおるわけでしょ。それでも、あれだけ回っているのです。天理教はそれほど信者がいません。それなのに、にをいがけに回らないのやからね。もっと回ってもらわなあきませんね。

にをいがけ先で時々言われるのです。

「天理教の人は来られません」

「天理教でも伝道するんですか?」

そう言われて、「失礼なこと言うな!」と言おうと思うんですけど、仕方ないですね。教祖百十年祭の時は、年祭だというのに、そんな感じがしませんでした。これではご存命の教祖に合わせる顔がないですね。

　私は皆によう言うんです。

「天理教の者がにをいがけ・おたすけに行ったら、何かえらい特別なことをしてるように思うけど、大工が家を建てに行くのや、左官《さかん》が壁塗りに行くのと同じや。だから、仕事と思うてやらしてもらわにゃいかん」

　天理教だけが、にをいがけに行ったら何か特別変わったことをしているような感じを持っている。けど、神様は、それはいかんとおっしゃる。言うたら、自分の仕事やからね。

　お言葉にもあります。

「この人ににをいを掛《か》けんならんと思えば、道の辻《つじ》で会《お》うても掛けてくれ。これからこれが仕事や」（おさしづ　明治40・4・7）

信者宅で神実様《かんざねさま》をお遷《うつ》しするので、教会に住み込んでいる婦人を連れていきました。ところが、その家がどこにあるのか分からずに、街の辻に立っていたのです。すると、そこへタクシーがやって来て、私の真ん前で止まって動かない。タクシーの運転手の顔と私の顔が窓越しに向き合いました。そのうち窓が開いた。いくら経《た》っても動かないから、その運転手ににをいがけをしたのです。すると、一緒にいた婦人が袖《そで》を引っ張りました。

「この人ににをいがけしたら、おかしいですよ。泉東《せんとう》直轄の信者ですがな。私ら毎日、顔見ていますよ」

そう言って笑っとったんです。

私はしょっちゅう泉東の信者に、にをいがけをしているんです。直轄の信者宅がたくさんありますから、全員の顔をよく覚えていないんです。

「私は泉東の信者ですよ。にをいがけに来てもろうたら、おかしいですよ」

にをいがけで見知らぬ家に入ったら、そう言われることがちょいちょいあります。

初めてのにをいがけ

私がにをいがけの真似事《まねごと》をしたのは、昭和六（一九三一）年、早稲田《わせだ》大学第一高等部（英文科）へ行っていたときです。

私は東京の部内教会で寝起きをしていました。当時の教会は粗食で、朝も昼も晩もキュウリばっかり。私はキュウリが嫌いでしたが、それしかないから、そんなこと言ってられへん。それで、一遍《いっぺん》にキュウリが好きになりましたね。

その教会の近くに、Mさんという布教師が単独布教に来ていました。Mさんは、私がいる教会の夕づとめに毎日来ていましたが、九日間くらい何も食べずに通っていたんです。

なのに、私は教会で三度三度ご飯を食べさせてもろうて、家から学費を送ってもろうて、なんの苦労もなしに安閑《あんかん》と暮らしている。それが申し訳なくて良心がとがめるから、自分の小遣いの中から割《さ》いてMさんに渡してたんです。それでも心が治まらないで、じっとしていられなくなったので、Mさんに言いました。

「わしも一遍、にをいがけに連れていってや」

「若がそんな気持ちやったら、そら結構や。一緒に回りましょう」

それからは、日曜日ごとに連れていってもらいました。まあ、そうは言っても、あのころは、ただ尻《しり》について回るだけで、Mさんが言うているのを聞くのがほとんど。けど、ついて回っている間に、私の心のどこかに、伝道の楽しさというものが植えつけられたように思いますね。これがきっかけとなって、今日まで半世紀にわたって布教を続けています。だから、にをいがけは私の十八番《おはこ》です。

その後、私は身体《からだ》が悪くなり、一年余りで早稲田をやめて教会へ帰りました。けれども、にをいがけをせずにおりました。そこへ、戦争が始まったのです。

そのころは非常に布教しにくい状態でした。それで早稲田のころ以来、長いこと途絶えておったんですが、戦後にＰＴＡの会長を任されたころから、〝飛び込み（戸別訪問）〟ではなく、知り合いを通してのにをいがけを始めたんですね。

同じＰＴＡの役員に、不良の息子に悩んでいるお母さんがいた。その人に、しょっちゅうにをいがけしとったんです。初めは「ご縁がございましたら……」と言って寄りつきませんでした。これは数ある断り方の中で、一番ええ断り方です。相手に不快な感じを与えないしね。ご縁が無いということですから。

「ご縁がございましたら、またよろしく」

「あなたはご縁が無いとおっしゃるけど、こちらのほうには大いにあります。親神様に生かされ守られて、一切は存在をまっとうしています。だから、その神様のお話を聞いて……」

こうして執拗《しつよう》に食らいついていくうちに、だんだん向こうの心が動いて、それから息子の不良が良くなっていって、いま布教所になっている。これが私のにをいがけの初めですね。

難儀不自由に身を置く

本腰を入れて、にをいがけをやりだしたのは、教祖八十年祭のころからです。

初代会長（村上幸三郎《むらかみこうざぶろう》）は、教祖に命の無いところをたすけていただいて、「そのお礼をどうすればよいでしょうか？」と尋ねたら、「救《たす》けてほしいと願う人を救けに行く事が、一番の御恩返しやから、しっかりおたすけするように」と教えられたのです（『稿本天理教教祖伝逸話篇』七二「救かる身やもの」参照）。そのお言葉を生涯守り通し、教会ができてからも西に東に、おたすけに歩いていました。ところが、相当大きな不動産を残して出直したんです。

村上家の田畑《でんぱた》や山が、教会の周辺一帯にありました。近隣の人々も、村上家に金を借りているか雇《やと》われるかしていて、なんらかの関係でつながっておったんですね。二代会長である父は、そうした財産を受け継いでいますから、よその教会のような経済的な苦労がなくて〝旦那《だんな》さん〟で通ってきた。その息子である私のことを、世間の人は「教会のぼんぼん」と呼んでいましたね。

初代のころは、部内教会は一カ所でした。でも、初代が出直して私の父が会長になったときに、まるで雨後の筍《たけのこ》のように西に東に単独布教する者が出てきて、四十カ所もの部内教会ができた。うちの父は信仰熱心やったから、先代の蒔《ま》いた種が二代になって芽生えてきた。初代の伏せ込みが花開いたんですね。

三代会長に就《つ》いた私は、初めのうちは「部内もたくさんあるし、財産もあるし、ええなあ」と思っていたんです。ところが、私には夜寝られないという病気があった。中学時代からのノイローゼで、早稲田をやめたのもそれが原因です。寝られないというのは、村上家の財産に関連があるんじゃないかと考えたのです。

昔は農業が主ですね。貧しい家の二男や三男には耕す土地もなく、娘は地主へ奉公に出すしかない。村上家は地主で金持ちだから、労働力はいくらでも手に入る。奉公人の労働時間は長くて待遇も悪い。夜寝かさんと働かせてできたのが、この村上家の財産だと悟ったんですね。

そこへ持ってきて、金貸しもやっていた。今でも天保《てんぽう》時代からの証文《しょうもん》が残っています。片っ端から引っ繰り返してみたら「金銀○匁《もんめ》」というのばっかり。それで「これには、ほこりがついている。人を喜ばせてできた財産じゃない。どうしても掃除せないかん」という心が、ぼつぼつ湧《わ》いてきたわけです。

ところが、父のいる間はできない。父が出直して母の代になってから、妻の身上《みじょう》を通して掃除しかけたわけです。私は根こそぎいこうと思っていました。

ところが、母は嫌《いや》がりますし、親戚《しんせき》からもやかましく言ってくる。それで随分《ずいぶん》気を使いましたが、教祖八十年祭の前に、千坪の神饌《しんせん》畑だけを残して全部無くしました。

教祖は「貧に落ち切らねば、難儀《なんぎ》なる者の味が分からん」とおっしゃって、中山《なかやま》家の財産をどんどん施され、どん底に落ちきる道中、末女こかん様を大阪布教に出しておられます。それも、夫・善兵衛《ぜんべえ》様が出直され、悲しみの涙が乾かないうちにです。

だから私は思うんです。たすけ一条のファイトは、自らを難儀不自由の中に置いて、なお捧《ささ》げ尽くしていくところに湧き上がってくるんじゃないかと。人の難儀を見て放っておけんという思いが、たすけにつながります。

教祖は、そのことをわれわれに見せてくださっているように思うんです。

こうして、財産の掃除をさせてもらった時点から、にをいがけに爆発的なファイトが湧くようになったんです。表現が大げさに聞こえるかもしれませんが、その通りなんです。じっとしていられなくなった。たすけ一条の意欲が鬱勃《うつぼつ》として湧き上がってきたんです。現在の教会の布教態勢ができたのは、それからですね。

苦労と対決していく

うちの教会では日に一度、朝の九時になったら教会にいる者全員（留守番だけは残します）を引っ張って、にをいがけに行きます。午前中の一番忙しい時間に、住み込み人と家族合わせて三十数人、昨日《きのう》住み込んできた者でも一緒に出ます。

にをいがけから帰ってきたら、天下取ったような気持ちになりますね。一日でもやめたら、なんとも言えず気持ち悪い。それが皆〝飛び込み〟ですから、よけい伝道に対するファイトが湧いてきます。これをやるようになったのは、大教会の信者会館の建築が打ち出された昭和四十二、三年ごろからですね。

教祖八十年祭に向かう旬《しゅん》の昭和三十六年に、泉東の神殿普請に掛かりました。年祭活動と神殿普請が重なって、ぢばへの十分な伏せ込みができず、申し訳ないという気持ちを年祭のあとも強く持っていたところへ、大教会の信者会館の普請が打ち出されたんです。

この打ち出しと同時に、私の心の中に猛然《もうぜん》とたすけ一条の意欲が湧き上がってきて、じっとしていられなくなったんです。それが毎朝毎晩の長いおつとめとなり、そして第一線の布教活動であるにをいがけに出るという形に具体化してきたわけです。それから三十年ほどになりますね。

うちの教会の朝夕のおつとめは一時間以上かかります。というのも、直轄の信者宅だけでも三百軒あるので、なかなか満足に回れない。せめて、お願いづとめだけでも、と思いましてね。

泉東の部内に何千という信者がいて、その人たちの日々の真実によって泉東の教会が成り立っている。その中には身上や事情の人がたくさんおるやろうから、お願いしてくれと言ってこなくても、そういう人たちのためにお願いさしてもらう。そうせずにはおれなくなってきたのです。そこから、この教会が本当に教会らしい教会になっていきました。

朝夕の座りづとめのあとには、六下りずつのてをどりまなびを勤めさせてもらいます。続いて手直し、鳴物の練習です。そうやって、おつとめに対する姿勢を正してゆく。夕づとめが終わると、神饌を改めて、部内全体に対するお願いづとめをさせてもらうんです。

こうして、おつとめに真剣に打ち込むことが、明日《あす》の伝道へのファイトの原動力となり、また伝道に真剣に打ち込むことが、長いおつとめを楽しくさせていただけることにつながるのです。現在も毎朝四時に起きて、一人で十二下りを勤めています。

やはり、私に布教意欲を起こさせた一番の原動力は、「村上家の財産を納消《なっしょう》して、金を置かん、空《から》にする」という思いです。そして難儀不自由、苦労というものに対決していく姿勢をつくり、そこからつとめとさづけに対する爆発的なファイトを燃やしていくということでした。

ですから、やはり難儀不自由ということが、つとめとさづけに対する姿勢を正してゆく一番の力になっているのですね。

車いすでにをいがけ

毎日勇んで戸別訪問に行ってはいても、にをいはなかなか掛かりません。ただ、伏せ込んだだけの理は無駄《むだ》になっていないと思います。たとえば、いずんでいる信者が教会に戻ってきたり、関係のないところや思わんところに、にをいが掛かるからです。

私は外国人だろうがお坊さんだろうが、家内やせがれと話をしているのと同じように話しかけます。でも、年のせいで、立って話をしていると疲れてきますね。もう身体がもたんのです。

それで車いすに乗って、青年に押してもらってのにをいがけです。玄関のインターホンで話す分には、車いすに乗ったままでいい。でも奥さんが出てきたら、やはり立たないかん。足が不自由で立てんのやったら仕方がないけどね。

にをいがけに行くのに使っていた車いすの前の車輪は、今までのは空気を入れるものじゃなかったんです。ゴム製の車輪で、そのゴムも軟らかいのならええけど、石みたいに硬い。だから一般の道へ出たら、もうショックがひどくて乗っていられない。

「どっか、これ替えてくれるとこ、ないやろうか……」と思ってたら、大阪の熱心な信者さんが空気の入ったのを持ってきてくれて、今はそれに乗って回っています。

私の車いすを押しているだけで、二人の精神分裂病（統合失調症）の青年がご守護いただいています。そのうちの一人は、五年間病んでいたのですが、薬を飲まんと治ったのです。

戸別訪問は、にをいの掛かる可能性が一番低い。でも、ボロクソに言われたり、断られっ放しでも「ナニクソ」というファイトが湧いてきます。戸別訪問はファイトの源泉ですね。

私の経験から言うと、にをいがけ先で、開放的な家の人は、話を聞き入れやすいですね。反対に、鍵《かぎ》でガチッと戸を閉めているような家は、聞き入れてくれないように思います。

戸別訪問をやっておれば、どこでも理の話がしやすくなるものです。たとえば、病人を見舞いに行ってあいさつしただけで帰ってきていた者を、一遍《いっぺん》にをいがけに引っ張り回したことがあります。そしたら、次の見舞いでは、おさづけを取り次いで帰ってきた。ちょっとでもアクが取れるんでしょうね。

第二章

初代の信仰信念を末代へ

教祖にたすけられた初代

泉東《せんとう》分教会の初代（祖父・村上幸三郎《むらかみこうざぶろう》）は、お道が「をびやの神様」として広まっていたころ、明治十三（一八八〇）年に座骨《ざこつ》神経痛を教祖《おやさま》から直々《じきじき》にたすけていただきました。それからというもの、報恩の念を抑えきれずに近隣へにをいがけ・おたすけに回り、とにかくおたすけを生きがいとして西に東に奔走し、席の温まる暇なしといった状態だったようです。

当時の村上家は広大な土地を持ち、また多くの雇い人を抱えていました。作男《さくおとこ》たちは努力して立派な煙草《たばこ》を作ったので、一度主人に見てほしいと願っていたのですが、初代はおたすけに明け暮れているので、煙草畑を見回りに行く時間がなかったのです。

畑を見に行けないまま初代がおぢばへ帰ったある日、教祖から「幻《まぼろし》を見せてやろう」と言われたので、袖《そで》の内を覗《のぞ》いてみると、わが家の畑に煙草の葉が一面に茂っているのが目に映ったのです。そして、初代は厚くお礼申し上げたのですね（『稿本天理教教祖伝逸話篇』九七「煙草畑」参照）。

初代はまた、悩める人や苦しむ人を片っ端から教会に引き取って、親身も及ばぬような世話をしていたそうです。それも人任せでなく、初代夫婦が自らお世話しています。たとえば、動けない身上者《みじょう》がいれば、夫婦で担いで風呂《ふろ》に入れ、着物を着せるという具合に。ちょっとした病院くらいの規模があったようです。

教会に引き取ったといっても、別に住み込み人ではないから、教会のご用を手伝わせるでなし、一銭も出させるわけでもない。ただ困っている人や難渋《なんじゅう》な人をたすけてやりたいという一心だったようです。そういった人を食べさすくらいのことは、教会の周辺一帯の田畑《でんぱた》で賄《まかな》いがついたからでしょう。

もともと村上家は地主で財産があった。そのうえ金貸しまでやっていた。抵当を取って金を貸しては、お金も物も増やしていったのです。しかし、お金ができたその陰では、喜んでいない人がいたんですね。祖父は教祖にお会いして初めて〝ほこりの財産〟の存在に気づいた。無い命をたすけていただいたうえに、大切な人生の指針をお与えいただいて、身も心も生まれ変わったのです。

ただ祖父は、天理教に入信して、お金は全部捧《ささ》げましたが、不動産だけはそのままにしておきました。その理由は、一方において布教しても、一方で自活の道が立たないと、信者から経済的援助を仰がなければならないということを快《こころよ》しとしなかったからです。それで、それらの不動産が私の代まで引き継がれてきました。だから私は、初代から大勢の人をたすけたという徳を頂いたと同時に、ほこりのついた財産も一緒にもらっています。

初代は無い命を教祖によってたすけていただいた。たすけていただいた喜びを人だすけのために尽くすことが、教祖へのご恩返しという信念で、出直す瞬間まで、たすけ一条に生きがいを持って通った。これが、私にとっての最大の遺産です。

初代夫婦が歩んだ道

どこの教会でも、初代は言葉に言い尽くせないような苦労の道中を通っていますすね。うちの初代は明治十六年に、雨のご守護を願って雨乞《あまご》いのおつとめをしたため、警察に引っ張られ、罰金を科せられています。

初代のおつとめの稽古場《けいこば》は、教会にある蔵の中でした。壁の厚さは一尺五寸（約四六センチ）で、入り口の戸が三重（外側は土の戸）になっていて、夏でもヒヤッとします。初代は戸を閉めきって、その中で隠れておつとめの稽古をしていたそうです。

初代はおつとめに対して真剣でした。おぢばにおいてもそうであったように、当時の反対攻撃はおつとめの一点に集中していました。おつとめをするにも、うっかりしたら警察に引っ張っていかれる。だから真剣だったのです。真剣ですから、おたすけもあがった。

とにかく、初代はおたすけに明け暮れたといいます。教会ができても教会のことは役員に任せ、四国の高松《たかまつ》や、播州《ばんしゅう》の姫路《ひめじ》や、大阪など、各地を転々として布教に歩きました。布教伝道に生きがいを見いだすとともに、おつとめに対しても情熱を傾ける人であったようです。

また、身上者の世話なども自分でやるという実践型の人でありました。私の祖母である初代会長夫人もまた、どんな人も喜ばさずにはおれないという親心溢《あふ》れる人でした。

初代会長夫人の何よりの関心事は、当時まだ多かった貧しい人たち、教会を訪れる人たちを、どうして喜ばせるかということにありました。

あるとき、餅《もち》をついているところへ一人の信者がやって来ました。掻取《かいどり》（註＝大阪府泉北《せんぼく》地方の方言で、餅つきのとき、つく人の相手になって餅をこね返すこと）をしていた夫人は、思わず、つきたてのお餅を一臼《うす》の半分くらいの大きさにちぎって、その人に差し上げました。ところが、その人は熱くて持っていられずに、思わず懐《ふところ》の中へ入れてしまったので、あとで取り出すのに苦労したという後日談があります。

いかにして人を喜ばそうかと、その心に溢れていたという夫人の話は、いまだに多くの人の語り種《ぐさ》になっています。そして、そうした丹精が、信者が成人していくうえでの大きな力となっていたようです。

教祖のご逸話について

初代が教祖にたすけていただいた話は、『稿本天理教教祖伝逸話篇』の「七二　救《たす》かる身やもの」「九七　煙草畑」という二カ所に載《の》せていただいています。

教会本部では厳密に調べます。なぜそんなに吟味《ぎんみ》するかというと、ちょっとしたことでも大きく書いたり、無いことでもあったように書くことがあるからだそうです。

うちは教祖の髪の毛を頂いています。それを、大祭ごとに皆で拝ませていただいていました。ところが一回、風で散らしてしまって、ちょっと減りました。非常に申し訳ないことをしました。

そこで、それまでは紙に包んでいただけでしたが、それからは、ガラスに入れてちゃんと保管しています。

まあ、赤衣《あかき》をお下げいただいた教会はありますけれども、髪の毛を頂いた教会はないと思いますね。初代が味醂《みりん》を持っておぢばへ帰ったときに、お下げいただいたのです。味醂は、北田《きただ》さんという信者さんと一緒に持っていったそうです。

また、初代が導いておぢばに参った人の中にAさんがいます。Aさんの奥さんが難産で苦しんでいたからです。教祖からお話を聞かせていただいている最中に「いま、子供ができた。はよ帰ったり」とおっしゃったそうです。急いで帰ってみると、教祖のおっしゃった通りの時間に生まれていたのです。これは涙、涙やったそうです。

そのAさんは、なかなかがめつい人で、晩年になってうちの四百坪の土地を着服しました。戦争に負けた当時、教会には山や畑がたくさんあって、その一部に四百坪の松林がありました。それをうまいこと、自分の名義に切り替えたのです。

ところが、一年ほどして気がおかしくなって、井戸にはまって出直しました。教祖に難産をたすけてもろうたのに……。そんなほこりのついている土地を今でも持っているのです。

教祖は初代に「物を納消《なっしょう》せい」とはおっしゃっていません。「人をたすけよ、それが神様に対するご恩報じや」と。そやから初代は、そのひと言を守り抜いたのです。教祖から「村上家の財産を納消せい」というお言葉があったら、そりゃやったと思います。でも教祖は、そうはおっしゃっていないですね。

うち以外でも、たすけていただいたお礼に、どうしたらいいか尋《たず》ねた人がいますが、やはり教祖の答えは「人をたすけなさい」でしたね。初代の話以外にも『逸話篇』に二、三、そんな話がありますね。「金や物でないで。しっかりおたすけするように」ということですね。

なぜ信仰するのか

初代は布教熱心で、しかも結構に物を持っておった。父はその後を継ぐわけです。ところが初代、二代とも、その直系は道になっているけれど、傍系は誰《だれ》も道を通っていないのです。長男である私以外は、教会を預かっていないんです。この点、私の四人の子供には、四人ともたすけ一条の道を通ってもらいたいというのが、私の願いだったのです。

毎日のにをいがけに行くとき、せがれたちに「一緒に来い！」と言ったことなどないのに、特別な用がない限りは一緒について来ます。

毎日のにをいがけを始めた当時、末の息子はまだ高校生でした。高校時代は勉強で忙しいので、日中のにをいがけには参加できません。大学に入ってからは、学校の合間に参加しておりました。この息子は、私以上にファイトがあります。

長男が私の後を継ぎ、二男は別に家を持って布教所をやっています。そして一番下は、大阪大学の哲学科を出て布教に従事しているわけです。卒業するとき、先生から「哲学を続けて勉強するように」と言われたそうです。

「君は哲学をやれ」

「前から先生に言ってあるでしょう、私は天理教をやります」

「もったいないじゃないか」

「そんなことないですよ。天理教やらないほうが、もったいないです」

そう言って、大学を出てから布教専門でやっています。

実は、この息子がどうなるかと思っていたんです。

以前、ある教会長がせがれに言ったそうです。

「ぼっちゃんは、そんなにええ学校卒業したら、ええ会社へ入るんでしょうね」

「いいえ、僕は会社に入りませんよ」

「どうするんですか？」

「布教するんです」

「もったいないですね」

こんな考え方が、まだお道に残っているんですね。

当時、私はせがれに聞いてみたことがあります。

「何のために天理教をやるのか？」

「僕は、教会に生まれたという親神様の思召《おぼしめし》に応《こた》えなければならない責任を感じています。お道を通る以上は生涯、信者が一人もできなくても、また、お粥《かゆ》の湯をすすって、あばら家で一生を終わったかて本望や。だから、お父さん心配せんといて」

これを聞いて私は嬉《うれ》しかったですよ。何も言うことなしですね。親が親神様の理を立て、思召に沿うことによって、子供が親の思いに沿ってくるんですね。

吹雪の中のにをいがけ

私の長女は部内の布教所へ嫁ぎ、夫婦で布教をして名称の理を戴《いただ》きました。小さいころからちょっと身体《からだ》が弱かったんですが、それは私が高慢にならんようにという親神様の思召だと悟り、いつも反省させてもらったものです。

娘夫婦は山陰《さんいん》の浜坂《はまさか》（兵庫県美方《みかた》郡浜坂町）で布教をしていました。それまでは大阪で布教していて、信者も相当数いたんです。けれども義母が出直すときに「自分の出所《でどころ》に教会をつくってくれ」と遺言したものだから、信者宅が一軒もない浜坂へ出て布教し、立派な神殿を建てたのです。

ちょうどそのころ、私は大教会の付属家の普請に意気が上がらず、また、煙草の吸い過ぎで困っていたこともあって、「家のことを放って一遍《いっぺん》、娘の布教援助に行ってみよう」と思い立ったのです。

浜坂では、一月五日から二十日間ほど、娘夫婦と三人で、朝九時から夕方四時まで毎日七時間、一メートルほど積もった雪の中をにをいがけに歩き回りました。日本海からの猛吹雪《もうふぶき》で、夕方には身体が凍るように思ったものです。

その後も、娘のところで一年半ほど布教しました。今では月次祭に三十人から四十人くらいの参拝者があり、子供も大勢やって来ます。また皆、求道心がある。だから膵臓《すいぞう》がんが、中風《ちゅうぶ》が、脊椎炎《せきついえん》が、胃病がたすかる。次々と奇跡をお見せいただいているのです。

浜坂で私がにをいを掛けた奥さんに、知的障害の子供さんがいました。その子は、お母さんのタンスから一番ええ着物を引っ張り出しては、お母さんの目の前でハサミを入れるのです。お母さんはノイローゼになって、夜も寝られへん。それで、この子を崖《がけ》から突き飛ばして自分も死のうと思い、海岸に立っていたのです。そこへトラックが通りかかって、運転手が「これはただ事やない」と飛び下りて、家へ連れて帰ったんです。

その明くる日、私がにをいがけに行ったのです。ちょうど猛吹雪の日でした。奥さんは家の中に入っとるからええけど、私は外やから、顔へ雪がウワーッと吹きつける。「中へ入れてくれたらええのに」と思いながら、半時間ほど話しました。そのとき、奥さんが「先祖だけ守っていればいい」と言ったのです。

私は「大切なご先祖ですから、しっかり守ってください。しかし、その大切なご先祖を生かし、守ってくれたのが親神様なのです。その神様のお話を、一つ聞いてくださいませんか？」と言いました。

自殺しようとしているところを家へ連れ戻された明くる日、私がにをいがけに行ったのです。そりゃ、話が心に入りますよ、すっと。

これは私の考えですが、私たちの尽くした理を、遠く離れた浜坂で見せていただいたのではないか。もちろん、娘の義母も上級教会に尽くしきった人ですから、その理も十分にあると思います。

おかげで私は、上級の普請への意気も上がり、泉東のほうでも、戸別訪問から、ある寺のお坊さんが道一本になりました。

また二十年間、精神分裂病を患っていた三十五歳の女性が、すっかりご守護いただきました。入院していた病院の医者が「どうして天理教で治るんですか?」と、私の教会へわざわざ聞きに来ました。これはほんの一例ですが、そんな奇跡もお見せいただけるんですね。

お道のご用はすべて理屈を超えていますが、特に、にをいがけは人間の思案の外ですね。

布教ひと筋のせがれ

三番目のせがれは、教会から離れて布教をやっていて、私とよく似た生活をしています。生活程度は低いけれども、布教専従で生きがいを感ずる充実した人生を送っています。

大阪大学の哲学科を出てから、ずっと布教ひと筋ですが、信者ができませんでした。ところが、ある布教所の所長をしていた熱心なご婦人が出直し、二十三人のよふぼくがいる布教所を丹精することになったのです。

せがれは、にをいがけでは何も変わったことを見せていただいていないのです。哲学科出身ですから、話をさせたら筋が通ります。一人くらい、にをいが掛かりそうなものなのに、ただの一人も掛からないのです。けれど形を変えて、ほかのところから思わぬ芽が出るようですね。

せがれの家族はパンの耳を主食にする貧乏生活ですが、それはそれで信仰的には幸せに暮らしており、勇んでいます。

三人の子供は健康で、成績がトップです。ですから頭のほう、知恵のほうに徳をもらっているのじゃないでしょうか。「おまえには新しい信者ににをいを掛ける徳は薄いけれど、子供の知恵の徳だけは授けてやるわ」と神様が言ってくださっている感じですね。

この孫たちは、教会の住み込み人で生活保護を受けている人の子供のお古をもらって着ています。食べること、着ることなどすべて、そんなふうです。そればかりか、学校の給食でも、結構な生活をしている者は大しておいしいとは思わないかもしれませんが、孫たちは家で不自由しているから、給食が最高のごちそうなんですね。本当に奇麗《きれい》に食べるそうです。そしたら、先生が「皆、食べ方を村上君の家に行って教えてもらってきなさい」と言ったそうです。

そのせがれが、昨日《きのう》やったか一昨日《おととい》やったか、朝方に見た夢の中に、真《しん》柱《ばしら》様が出てこられたと言っていました。

自分がつり橋を渡ろうと思って進むと、手すりがないのです。そこで足が滑って、やっとの思いで踏ん張ったところ、つり橋の反対側から真柱様がおいでになって、ふっと手を握って端まで連れていってくださったそうです。

これを聞いて、お道のご用をつとめさせていただいているおかげで、命の無いところをたすけてもらっているに違いないと話し合いました。
たすけ一条に、しっかり苦労させてもらわないといけませんね。

第三章

執着心を放せば神様に近づく

いまは結構すぎる

泉東《せんとう》分教会の初代は、教祖《おやさま》から一遍《いっぺん》お話を聞いただけで、持っている物を納消《なっしょう》して、教祖のひながた通りに歩んだ。そこから布教意欲が爆発的に燃え上がってきて、奇跡的なご守護を頂いていますね。

一時、私は「どないしたら、そうなるんやろう?」と考えましたが、結局のところ、天理教にはおつくしという教えがあって、それに力を入れたら自然と生活が不自由になって、苦労が伴ってくる。そうすることによって、ほこりが取れていくわけですね。ほこりが取れた分だけ、われわれの魂《たましい》が神様に近くなる。これは私の持論です。

神様に近くなるということは、神様のお心も分かりやすくなる。神様のお心は何かと言うと、「世界一れつをたすけたい」。これは、神様の切なる親心ですね。

神様のお心がそうであれば、子供としては「たとえ少しでも、お手伝いさせてもらわにゃいかん」という気持ちが起こってきますね。神様のご用に対して関心が深まります。おつとめ、にをいがけ、ひのきしん、おつくしなどに対する関心が深まる。ということは、神様に好かれるような低い心になれる。そして、自然と喜びの多い心になってくる。無理に我慢して、そんな心になろうと思わなくても、自然とそういう状態に心が変わってくるのですね。

教祖もどんどん納消されていますね。

「貧に落ち切れ。貧に落ち切らねば、難儀《なんぎ》なる者の味が分からん」(『稿本天理教教祖伝逸話篇』四「一粒万倍にして返す」)

そうして落ちきられて、どん底まで行ったときに、夫・善兵衛《ぜんべえ》様が出直された。その悲しみの涙が乾かないうちに、末娘のこかん様を大阪へ行かされている。街の辻々《つじつじ》に立って「なむ天理王命《てんりおうのみこと》」と神名を流しておられる。これが、にをいがけの始まりですね。つまり、難儀不自由ということと、にをいがけ・おたすけということとは深いつながりがあるのです。

そういう中で、教祖がおっしゃった言葉がありますね。

「世界には、枕《まくら》もとに食物《たべもの》を山ほど積んでも、食べるに食べられず、水も喉《のど》を越さんと言うて苦しんでいる人もある。そのことを思えば、わしらは結構や、水を飲めば水の味がする。親神様が結構にお与え下されてある」

（『稿本天理教教祖伝』第三章「みちすがら」）

いかなる逆境の中でも、お金や物に対する執着心を放していけばいくほど、神様の思いに近くなって、どんな中も明るく勇んで、たすけ一条に立ち上がる意欲が湧《わ》いてくるのです。

ところがいま、それが薄いんです。結構すぎるということですね。これが、布教意欲が低下している一番の原因だと思います。

難儀不自由（その一）

泉東分教会の部内は四十カ所くらいありますが、どこも、私より生活の程度が上です。私から見たら結構すぎますよ。みんな私より贅沢《ぜいたく》な暮らしをしているが、にをいがけには行かへん。

衣食住も使う道具も、私のほうが粗末《そまつ》ですね。しかも、無けりゃ無いなりで買うことをしません。靴も無かった。腕時計も二年間無かったのですが、信者さんからお与えいただきました。冬のオーバーも無かったんですが、実は、ある人からもらったんです。

にをいがけ先で出会った路上生活者が、ごついオーバーを着てたんです。彼は、何か感じたんやね。

「このオーバー、貸したげます」

そう言って、私に貸してくれたのです。私は、この人を教会へ連れて帰りました。

教会の信者会館の向こうに、近所の人が道具類から布までいろんな物を捨てる場所があるのですが、ある日、そこへダンボール箱に服の上下とオーバーが真っさらでほかして（捨てて）あった。それを見つけたその人が、ほかの会長も集まって会議をしていたところに、大声を上げて入ってきたのです。皆びっくりしました。

「会長さん、服のご守護ありました！　会長さんに貸してあったオーバー、返してくれんかって結構です。あげますから！」

それ以来、十五、六年、ずっとそのオーバーを着て、にをいがけに回ったのです。路上生活者にオーバーをもらった会長も珍しいでしょ。

すべてそうなのです。服でも「ちょっと買いに行ったら？」と言われても、「人のために、そんなん着飾るんか？」と言いますね。

食べることにしても、ごちそうは食べません。ご飯も麦が半分以上入っていますから、真っ黒です。肉や鰻《うなぎ》などは全然食べませんね。刺し身はひと切れくらい。一つ食べたら、もう一つ食べようという気にはなりませんね。体質がそうなっているんでしょうね。値の高い物はどれも嫌いですから、これでええと思っているのです。

この教会につながる人は代々粗食ですね。父も初代もその先も、大きな財産があったのに生活は至って質素でした。そういう流れがずっと伝わっているのです。ですから、私は無理に徳を取り越さんように質素にしているのではなくて、そういう生活が適しているのです。だから自然に続くわけですね。

難儀不自由（その二）

私の部屋には、一般家庭のような電気や灯油などの暖房はありません。ご飯も風呂《ふろ》も全部古材で焚《た》きますから、消炭《けしずみ》ができます。それを火鉢《ひばち》で燃やすのが、私の部屋の暖房です。

電気や灯油を使ったら、もったいない。火鉢でも、堅炭《かたずみ》やったら長持ちするけど、消炭はすぐに消えてしまいます。一日に何回も入れ替えないといかん。炭の粉が飛んで部屋中に溜《た》まるもんですから、私の部屋のテレビの上に息子が字を書いたりします。そういう最低の生活で、楽しく通らせてもらっているのです。

私は教会とは別に、個人として月々のおつくしを心定めしていますが、なかなか目標額には達しません。でも、手元にお金があると、少しの額でも長男（現会長）に渡します。月のうち、何回も何回も渡すので、長男は「じゃまくさい」と言います。

でも、これが私の生きがいであり、にをいがけを続けるもとになっていますね。とにかく最低の生活をして、必要な物でも買いません。心定めの額に少しでも近づくように、というのが私の目標であり、生きがいでもあるのです。

おつくしに力を入れ、不自由を求めて苦労と対決していく中に、布教意欲は燃え上がるのだと思います。この精神は、八十五歳の現在でも私の中に生きています。しかし、なんと言っても老骨です。足の弱まりは否《いな》めません。車いすに乗って、青年に押してもらってのにをいがけです。

時々、小学校時代の同級生に会うこともありますが、私と同年輩の人の多くはすでに亡くなっています。生きている人でも、身体《からだ》のどこかが悪いと言います。身体が達者な人は、子供から〝そこのけ〟にされている。満足な生活をしているのは私一人です。本当にありがたいなと思いますよ。

結構に、楽に生活をするといけませんね。布教意欲が下がります。これは私自身の体験を通して、間違いないと断言できますね。

今でも私は、お金を持っていることはない。ほんさっきも、長男の嫁に一万七千円渡したところです。私の手に入ったら、一晩も懐《ふところ》の中へ入れておくということはない。そういうところに、先への布教意欲が続くもとがあるんやと思いますね。

神様のご恩は返すに返せない

私は身をもって、求めて難儀不自由を体験しています。難儀不自由の道中を通ることによって、そこから私の布教意欲が燃え上がってきたわけです。もう、じっとしていられないんですよ。

村上家の財産の残りを全部納消しましたが、教祖のような貧のどん底の苦労はできません。ですから、教会には金を置かんという心定めをしたのです。ちょっとでもあったら、すぐ大教会へ運んでいく。一番多いときで月に十六回運びましたね。

その当時は、教会に住み込み人が四十人ほどいましたから、どんなに質素な生活をしても、やはり相当の経費がいります。何から何まで大教会に運んだら、電気代、水道代、ガス代、税金などの請求が来るのに、支払えないですよね。それで私の家内が一番困るのです。教会に金を置かんから、電話を止められることも、ほとんど毎月のようでした。

「大事な電話ですから、早く故障を直してください」とNTTに頼むと、「あんたんとこ、なんぼ言うてもお金納めてくれんから切っていますんや。お金さえ持ってきてくれたら、つなぎます」と言われました。

そういう生活をしている中にも、私には苦労という感じは全然なく、楽しくやっています。そりゃ、いんねんのために苦労するのなら、これは、つらいですよ。だけど、われわれはいんねんよりも、理の、たすけ一条のための苦労をするのですから、本当に明るく通らせてもらえますね。

でも、あまりにも私が行き過ぎやったから、家内が実家に帰ると言いだしたことがあります。借金を待ってもらったり、隠れたり、借りに行ったり、そんな生活がずっと続いたものですから、家内がついに辛抱《しんぼう》しきれなくなったのです。

「なんで、うちだけこんなことするの？　ほかの教会と同じようにしたらいいのに……。もう、ついて行かれへん。帰らしてもらいたい」

私はびっくりしました。そして、大教会の会計の先生に頼みました。

「一つ、なんとかしてくださいよ。帰ると言うんですよ」

それで、会計の先生がしょっちゅう来て、なだめてくださって、半年ほどかかりましたけど、やっと落ち着きました。それからというもの、私が大教会へ理立てを持って行っても、会計の先生は「いらん」と言うのです。

「なんでそんなこと、おっしゃるのですか?」

「私は〝裏方さん〟が心配でならん」

「でも、今はそんな無理していないですから、どうぞ受け取ってください」

「いらん」

それで、私はほかの直轄の会長さんに言ったのです。

「会計の先生、情のある人ですな。私が理立てを持って行ったら、いらんと言わはるのです」

「村上先生やから、そんなん言うけど、わしらやったらボロクソですよ」

会計の先生は私には優しいこと言ってくれますけど、本当は厳しい人らしいです。そんな会計の先生が、私には「理立てはいらん。持って帰れ」

と言うんですね。

教会の周囲に田畑《でんぱた》や山などの土地がありましたが、全部尽くしました。それでも私は、おつくしをしたという感じは持っていません。神様にお借りしたのを、返したというだけのことです。逆立ちになって尽くしきっても、われわれが神様から受けている大きなご恩に報いさせてもらうことはできないというのが、私の信念です。

「新車だったらいりません」

この年になって足が不自由だから、信者さんのところへ行くにも自分一人では行けないのです。昔は自分で車を運転していましたが、今は皆に止められるので、運転手を探さなきゃいけません。その運転手がいなかったら困るので、教会の青年を捕《つか》まえるのに必死ですよ。私の顔を見たら、また引っ張っていかれると思って、みんな逃げるんです。パッと会ったときに、「おまえ、どこに行くのか？」なんて聞いてないのに、「会長さんの用事で、どこそこに行きますのや」と言うて、捕まらんように先手を打つんです。でも、最近は青年で一人、ほとんど私の専属と言ってもいいような運転手を授かりました。

いま私が乗っている車は、中古で買った三十万円くらいのものです。

この間も、ある教会長が言ってきました。

「もう少しいい車に乗ってください。そうでないと、わしらは車に乗られへん」

その人はいい車に乗っているのです。それで気になるのです。

「俺《おれ》やったら、いくら銭やると言われても、そんな車にはよう乗らん」

うちと兄弟教会の会長は、そう言っていました。とにかく今日まで、そんな車ばかり乗り継いできました。

いま乗っている車の前はオートマチック車でした。十五、六年前、信者さんがお供えしてくれたのです。

「それは中古車ですか、新車ですか？」

「新車です」

「新車だったらいりません。中古車だったら、もらいます」

そう言うと、家内が、

「信者さんが乗ってもらいたいと言っているのですから、信者さんの真心を受け取ってやってください」

「いや、私は新車には乗れません。もったいないから」

それでも、その信者さんは、

「そんなこと言わんと、受け取ってください」

と言い、家内も横から、

「そこまで言ってはるんやから、堅苦しいこと言わんと……」。

根負けした私は、ありがたく頂いてね、随分《ずいぶん》長いこと乗りました。

身上の理立て

私は「お金を持たない」という心定めをしています。よそに行って講演してお札をもらっても、おたすけ先で理立てを頂いても、その日のうちに長男に渡してしまいます。一晩も私の懐の中に入っているということはありません。

私は夏場になると、決まって二カ月ほど身体の調子が悪くなってダウンしてしまいます。最近では腹具合が悪くなって、胸焼けもするし、なんとも言えず不快でした。ところが、かかりつけの医者に診《み》てもらっても「異常なし」と言います。でも、こんなに胸がつかえて気持ちが悪いのだから、かないません。

私は身上《みじょう》になると、いつも農協でまとまったお金を借りてきて、大教会の賽銭箱《さいせんばこ》に名前を書かずに入れるのです。それをしょっちゅう繰り返しているから、長男や部内の者は「そんなことをする必要はない」と言います。

「これだけ尽くしているんやから、そんな理立てをする必要はない。それよりも、おつくしとか、おたすけとか、にをいがけとか、そんなことをすっかりやめるという心定めをせえ。年も八十を超えて、そこまでする必要ない。ゆっくり温泉にでも行って、休養をして、もう少し体力になるものを食べたらどうや」

私は粗食で、麦とお粥《かゆ》、野菜が主で、肉も刺し身もほとんど食べません。鰻とかは絶対食べませんね。一般の者から見たら、栄養が不足しているんじゃないかと心配するんでしょうね。鰯《いわし》や秋刀魚《さんま》は食べますが、いわゆる美食はしません。衣食住、日々に使う道具を自分から買うということもないのです。

そんな生活をしているから、「理立てをする必要はない」と皆が言うわけです。

　家内も言っていました。

「ちょっと一服さしてもらったらいいねん。あのきんさん、ぎんさんでも、刺し身が好きやねんてね。だから、そういうもんでもちょっと食べて、長生きさせてもらったらいいねん」

　私はそんなことしたら、生きがいがなくなったのと一緒です。

　あるとき、大教会の役員から電話がかかってきました。

「どないしてる?」

「少しダウンしてるんや」

「お粥や菜っ葉ばかりやから、あかんのや。ビフテキでも食うて元気出せ」

その人はビフテキ好きやからね。

私は粗食の体質にできていて、無理にやっているんじゃないのです。私にしたら、おいしく頂いているのです。私の家には代々、粗食の体質が遺伝していて、父も祖父もその上も皆、粗食でした。ですから、自分では、これでええと思っているのですけれど、傍《はた》からはそう見えないのですね。

母の思い出

私が若い時分は、村上家には物もありましたし、使用人も大勢いました。私の口から言ったらおかしいけど、母は結構な家の奥さんですから、仕事なんかしなくてもいいんです。

ところが、洗濯にご飯炊《た》き、そのうえ米つきまでやっていましたね。当時は唐臼《からうす》という道具で米をついていたのですが、その仕事を母がやっていたのです。しかも子供を背負うてね。

畑仕事で忙しいときは、女の人も手伝います。そしたら母も一緒に畑に出て、手伝《てつど》うていました。教祖のひながたに出てくるでしょ。教祖はいろいろな雑用をされた。畑仕事も荒田《あらた》起こしと溝掘り以外は何でもされたと。私の母も同じことですね。食べる物は粗食で、ご飯は麦が大半、おかずも菜っ葉がほとんどでした。

当時のことを思ったら、今の教会生活は全くもったいないですね。至れり尽くせりです。ですから、若い者がどうしてもにをいがけに行かなくなる。情けないことに、怒鳴《どな》りつけなければ出ていかんのです。

畑へ行っても、えんどう豆やおたふく豆が、もう、ちょっと硬くなっているのに採《と》らへん。ですから、私は「皆出てこい！」と言うんですよ。畑へ引っ張っていって、採ってくるんです。とにかく労働するということを嫌いますね。

楽をすると、身体がなまってしまうんです。冷暖房もあるし、炊飯もガスのスイッチをひねったらいい。昔、私らが飯炊きやっていたころなんか、麦わらというて麦の穂の軸の乾いたものを燃料にしていました。バチバチ、バチバチって音がしてね。カマドの前に、べったりついてないかんし、夏やったら暑いですよ。

いま、炊事に使っているのは廃材です。もう山のように積んであります。あれで青年がご飯を炊くんですが、一回くべたら十分から十五分くらいの間は側《そば》についてんでもいいのに、それでも文句を言う。ガスで炊くことを思ったら、そうかもしれませんが、昔のような麦わらでやることを思ったら、本当にありがたい。それでも若い者はなかなか、ありがたいとは思わんのです。

喜びというのは、結構になってくればくるほど反対に薄くなってくる。ですから、求めて不自由、苦労をする。そういうものと対決していく中に、喜びや勇み、勢いというものが生まれてくると思うんですね。とにかく、結構に慣れることほど怖いものはありません。

振り返ってみると、私の母は尊敬すべき人でした。若い時分は、そんなことは当たり前で、尊敬なんてことはあまり思いませんでしたけど、年がいけばいくほど、母の姿に値打ちを感じますね。

第四章　理と情は二つ一つ

情のおたすけ

理と情は二つ一つだと思いますね。それで人は育っていく。天理教の教理の根本は、二つ一つが天の理。相反する二つのものが一つになっていくところに、一切のものが育つ。男と女、陰と陽、温《ぬく》みと水気《すいき》……。

また、たすかりのもとである、ほこりを払うということにしても、そうでしょう。自分の力だけで、ほこりは払えない。全面的に神様だけにおすがりするかといえば、そうでもない。自力にして他力。結局、二つ一つということですね。

そういうことから考えると、理と情というのも二つ一つ。それで信者も育ち、また、われわれの信仰も成人していく。私はどっちかというと、情に流されるほうですけどね。

お金に困っている人から頼まれると、情のうえからつい、お金を貸していました。ですが今は、親心として形のうえからたすけることも大事やと思うけれども、やはり情のおたすけになってはいけない、という感じがしています。それは、こんなことがあったからです。

ある人に高額のお金を貸したのです。よう返さんということが分かっていたけれども貸しました。そのうち三分の一くらいは返してくれたのですが、残りは返してもらっていません。結果として、その人はたすかりませんでした。

また別の人は、鉄工所をやっていて大赤字を出し、首が回らんようになって倒産の一歩手前になった。それで、私はある所からお金を借りてきて、彼の元に送ろうとしました。

「これ送ったら、なんとか倒産を食い止められるんか？」

「送ってもらっても倒産します」

それで私も考えました。実は、その人は三代目の信仰で、おばあさんと二代目は教会のために尽くしきって通られました。

「なんとか倒産を食い止められるんやったらいいけれど、お金を送っても倒産するんやったら、空に灰撒《ま》いているようなものや。どうしようか……。でも、おばあさんがずっと教会に尽くしてくれたから、会社がつぶれても構わん。おばあさんの霊《みたま》様に供えると思ったら惜しくない」

そう思って、お金を送ったのです。

結局、教祖《おやさま》九十年祭の年に鉄工所は倒産しました。

ところが、その人は誠実で、「働くということは、はたはた（側々）を楽させること」というお道の労働観で通っている人ですから、周囲の人々から引き立ててもらい、ぼつぼつと立ち上がる方向に向かったのです。そして、教祖百年祭の三、四年前から運命が上向き、今では日の出の勢いです。私の送ったお金も、だんだんと返してくれました。

こうした情のおたすけは、先代に伏せ込みがある人、よく仕込まれている人には効果があります。けれど、先代に伏せ込みがなく、本人も信仰のうえに尽くさないかんという信念の無い人やったら、かえっていけないという感じがします。

理の仕込み、情の仕込み

今まで一番感銘深く思ったのは、高安《たかやす》大教会の六代会長（松村義孝《まつむらよしたか》）様のお言葉です。

私が結婚した明くる日から、痔瘻《じろう》が出てきたんです。私は結核性の痔瘻だと思い、家内の家系には結核が多かったものだから、家内からうつったと思って、しょっちゅうブーブー言ってたんです。

でも、いろいろ考えたら、私の心の姿やと思いました。結核菌は身体《からだ》の栄養を吸うてしもうてカスだけ残す。私はうまいもんを独《ひと》り占めして、まずいもんを人にやる。そのいんねんに初めて気がついたんです。「これからは逆に通ろう。自分は悪いもんを頂き、ええもんは人にやろう」と思いました。

そうこうするうちに、私に召集令状《しょうしゅう》が来たので、大教会長さんのところへあいさつに行ったんです。

大教会長さんはきっと、「身体《からだ》を大事にして、しっかり務めてこいよ」と言うてくれると思っていました。

「召集が来ましたので行ってきます。覚悟はできてます」

すると大教会長さんは、

「兵隊に行って、おまえの性根《しょうね》を叩《たた》き直してもろうてこい！」と。

一瞬、私は不足に思いました。

「なんと乱暴な言葉や。それが理の親の言うべきことか」

しかし、考え直したのです。

「〝親の言葉は種〟と聞かせてもろてんのに、その種を傷つけて戦争に行ったら、命が危ない。なんとかありがたく受けるようにせないかんな」

そう考えたら、やっぱり親の目には子供の正体が一番よく映ると思った。だから「人の甘味を吸う私のいんねんの姿を、親は言うてるんや。それを叩き直してもらわないかん」と悟れた。気持ちがスッとしましたね。

そして数日後、歓呼の声に送られて朝七時に家を出た。ところが兵役に行ったら、痔瘻のために即日帰郷（まあ終戦後にご守護いただきましたけどね）。昼一時ごろ戻ってきて、見送りの人々を驚かせたのです。

そのときは、理の親の言葉が非常に厳しかった。「なんと情のない」と思ったけれど、あれが子供に対する本当の親の情だったんだなあと、今では思います。

私の場合、信者への仕込みは、どうも情のほうに偏《かたよ》りがちです。でも、うちの教会では、それで案外、人が育っています。

うちの教会では外国人布教もやります。いろんな国の人が教会に来るけれど、そういう人が一様に「泉東《せんとう》の教会へ来て初めて、天理教が分かりました」と言うのです。私は一応、理の仕込みはするけど、その後は情だけです。バングラデシュのある人は、「他人というはさらにない」という教えに非常に感激していました。そのことを「あなたの姿を通して感じる」と言っていました。

だから、やっぱり理だけではいかんと思いますよ。人間的な何かが相手に伝わらんとね。

魂のほこり

いんねんの教理を、若い人は何か暗いイメージを持って嫌《いや》がりますね。しかし、いくら暗いイメージを与えても、いんねんということを自覚しなかったら正しい信仰はできない。

私が中学三年のとき、父が肖像画を描《か》いてもらったことがあります。その絵描きは、疲れると散歩に行くんです。教会の近くに池があって、その辺りをずっと散歩するのですが、途中の通り道にHさんという人が住んでおった。ある日、Hさんが父のところに顔色を変えてやって来た。

「会長さんとこから出たり入ったりしている刑事、わしの様子を窺《うかが》いに来てるのと違いますか？　わしは心配で心配で、ここ二、三日、飯がのどを通りませんのや」

実はHさんは、ばくちを打つんです。だから、刑事が自分の様子を調べに来てると思ったんですね。その絵描きが髭《ひげ》を生やしてたので、刑事に見えたんでしょう。

このように、心にほこりが積もり重なった人は、何事も正しい認識ができないわけです。いんねんで魂《たましい》が曇《くも》っている人は、心に正しい姿が映らないんです。

昔のお道の先生の中には「あんたのいんねんが悪いから……」と、まあ言うたら責め道具みたいに諭《さと》された人もいます。そういう点は確かに相当ひどかったですね。しかし、私の信念では「かしもの・かりもの」「ほこり」

「いんねん」、これらは天理教の三大実践教理やと思いますね。

それと、教理の根本というのは、やはり「元の理」ですが、皆あまり深く学んでいないないですね。やらにゃいかんとは思っているんでしょうけど。『天理教教典』の最初のほうに出てきますね。「この混沌《こんとん》たる様を味気《あじけ》なく思召《おぼしめ》し……」と。神と言うて拝んでくれる者がない。それで人間を創《つく》って、人間が陽気ぐらしをするのを見て、神も共に楽しもうということです。最初、学生時分にこの話を聞いて「なんと情けない神さんやなあ。神と言って拝んでくれる者がないなんて、そんな神さん拝まないかんのか」と、そんな感じがしました。でも、これは浅はかな考えでした。

お道の中でも、「元の理」がしっかりと胸に治まっている人は少ないのではないですか。三番目のせがれは、とても難解といわれるドイツのヘーゲル哲学を大学で専攻したけれど、「『元の理』には、まだ、よう手をつけていないんや」と言っていました。

「元の理」を進化論なんかと同じ地平に並べて考えてはいけないですね。向こうは科学で、こっちは理の話。次元が違いますからね。

根っからの勉強好き

私は根が勉強好きですね。体調が良くなってから、自分で勉強を始めたのです。語学も独学ですし、哲学や宗教など、いろいろな本を読みます。やはり好きでないと、年とってからは、やらないですよ。

平成六年の夏ごろから、昔の『陽気』(養徳社刊)を読むようになりました。

蔵の中に、今まで出版されたのがしまってあるんです。

なぜ読むようになったかと言いますと、私は毎年五、六、七月は身体の調子が悪くなるのです。私にはかかりつけの医者が三人いて、以前、その中の一人で、うちの家系を詳しく知っている医者から言われたのです。

「あんたはもう、いつかて難しい本をよう読む。哲学の本とか読むから、しんどくなる。そんなもの、身体に悪いから読まんようにして、もっと易《やさ》しい本を読みなさい」

そう医者に言われたので、『平家《へいけ》物語』と『太平記《たいへいき》』に興味を持って読み始めたのです。これらはなかなか名文ですが、難しいんです。それで、医者に聞いたら「『平家物語』も決して易しくないよ。私が読んでも、よく分からないもの」と言われました。三番目のせがれも「いきなりは良くない」と言うのです。

もっと易しいのとなると、『陽気』ぐらいやったらどうかと思い、毎晩寝る前に必ず読むようになった。そしたら、こんな文章が出てきた。

鎮西《ちんぜい》大教会五代会長の常岡一郎《つねおかいちろう》先生の息子さんは目が悪いそうですが、その人のことについて書かれていました。

日本の医学では治せないが、アメリカに治してくれる医者がいるというので、常岡先生はアメリカまで行ったそうです。

「どれくらい経費が掛かりますか？」

「片方だけで三億六千万円です」

それを聞いて、逃げ帰ってきたという話でしたが、このことを通して常岡先生は、かしもの・かりものに対する認識を改めたと書いてありました。

大抵の人やったら、身体はかしもの・かりものと聞いてはいても、「見えて当たり前、聞こえて当たり前」となるでしょうね。あらたまって「こうして物が見える、音が聞こえるのは神様が入り込んで働いてくださっているおかげだ」と、ここまで思える人は案外少ないと思いますね。

「片方の目だけで三億六千万円、両方だったら七億二千万円。それだけのご守護を頂いているんだ」

常岡先生は息子さんのことを通して、そう悟られたのですね。

日本の一年間の予算（八十兆円超）を五十年分掛けたとしても、どんな些細《ささい》な生命体でも創れないということを、ある本で読んだことがあります。私たちは、ご守護ということのありがたさを、もっと考えなくてはいけませんね。

結局、かりものと頭で分かってはいるけれど、実感として分かっていないから、にをいがけに行けないんです。

私はにをいがけ先で、かしもの・かりものについて説明するとき、お道に言い伝えられる次の言葉を引用しています。

「まま食べるのも月日やで、もの言うのも月日やで、これ分からんが残念残念」

私はその中に「トイレ行くのも月日やで」という一文をくっつけるのです。今までに神経の作用で便の出が少なくなったことがちょいちょいありましたので、そういう点で非常に感じるわけです。

忙しいときにトイレへ行きたくなったら、「ああじゃまくさいなあ」というような感じがします。ところが、そのじゃまくさいことがいかにありがたいか。これがちょっとでも止まったら、大変なことになります。

ですから、ご飯を食べるということも、よう働くから腹が減って食べられる。自分でものを言ってるように思うけど、それは月日・親神様が身体に入り込んで、自由自在《じゅうようじざい》の働きをしていただいているからこそ、ものが言える。また、トイレにも行けるというわけですね。

人から拝んでもらったこと

私はにをいがけに回って、今までに三十回ほど人から拝んでもらったことがあります。天理教じゃない人が、手を合わせて拝んでくれるんです。

一番最初に拝んでもらったのは、少し知恵の遅れた青年のお母さんからでした。

その青年は会社勤めをしていたのですが、彼がいると全体の成績が下がるから「やめてくれ」ってね。また、その青年の嫁さんが、姑《しゅうとめ》さんをいじめるんです。

だから、青年のお母さんも「死んだほうがましや」って。そこに、にをいが掛かったんです。

「おばあさんね、心配せんかて、私が息子さんを引き受けて、幸せにしたる。一切は教会の責任でね。病気になったとしても全部私の責任ですから、心配せんとな」

そう言ったら、手を擦《す》り合わせて拝んでくれましたね。それが一番最初です。

やっぱり、こちらが伝道に情熱を傾けているから、拝みたくなるような感じがするんでしょうか。

〝生き神さん〟のように

そない熱心ではないんですけど、神様を信じる心、また私を通して神様を信じる心が非常に強い人がいます。あるお母さんは、ずっと私のことを「生き神さん」と呼んでいました。

その人の娘さんは子供のとき、片腕が骨髄炎《こつずいえん》になったのです。それが良くなって今は四十五、六歳になりますが、お嫁に行かずに独身でいるうちに、再発してしまったのです。

医者は「ひょっとしたら切り落とさないかんかもしれない」と言うので、お母さんが私のところに来たのです。

「なんとかして、たすけてもらいたい」

そのお母さんは、教会にあまり参らない人でしたから、私は言いました。

「どんなことがあっても、月次祭に来なさい。月次祭の参拝を欠かすことがあったらいかん。それから、おつくしと言っても、そんなにでけへんやろうから、にをいがけをしっかりしなさい。そのことを心定めできるか？ ようなったらとか、そんなんではあかん。神様にお誓いしなさい」

そう言うと、お母さんは娘が持っていた二万円をお供えした。それが、その子の全財産です。

私が病院へおたすけに通ううち、だんだんと良うなってきて、切らんでもええことになった。そしたら喜んでねえ。

お母さんは忙しくてめったに病院に行けませんでしたが、その代わり、娘さんに電話をかけてくるのです。私が行ったときには、娘さんが母親にこう話していました。

「お母さん、きょうは〝生き神さん〟が来てくれました」

そう言って、涙をこぼしていました。

病室の入り口で、お母さんと会《お》うたときには、

「〝生き神さん〟に、こんなにたすけていただきました」。

私が帰ろうとしても、私の手を握ったまま離さへん。

ある日のことです。その子がベッドで寝ているので、検診に来たお医者さんと、私がベッドを挟《はさ》んで差し向かいになりました。そのとき、娘さん

が言うんですよ。

「こんなに良くなってきたのは、会長さんのおかげです」

お医者さんに気の毒でねえ。

「そんなん言いな。皆さんのおかげですよ」

「いや、会長さんのおかげでございます」

お医者さんの前で言うのです。それくらいに私を慕ってくれるのです。

本当は「生き神さん」って言われるのはどうかと思うんですけど、片腕を切らなきゃいかんところをご守護いただいた。だから、理の親を神様のごとくに信じきるというその心を、私は大切にしてやりたいですね。

会長さんが一番ありがたい

以前に、高安《たかやす》部内の韓国の信者さん六人が、教会長資格検定講習会を受けに来たときのことです。布教実修で、私がその人たちを連れて、にをいがけに回ったのですが、そのとき、こんなことを聞いてみたんです。

「韓国では随分《ずいぶん》おたすけがあがっていると聞いているけど、どういう点がご守護を頂けるもとなのか？」

ある一人の男性は、左足の骨が溶けてしまって歩きにくい。その足で、一日にをいがけに回った。

彼が言うんです。

「韓国ではね、病気になると、お医者さんにはかかるけどね、医者は一分。九分までは親神様。日本はそうじゃないでしょ。九分までお医者さんで、親神様は一分くらいじゃないですか?」

そない言われて、「そうじゃない」と言えなかった。やはり、たすかるもとは、本当に神様を信じきるということ。また、神様のごとくに理の親を信じきるということです。

教会から一キロほどのところに、ある信者宅があります。そこはもう、いんねんの深い家だったのですが、いまは子供たち全員(男五人、女二人)が、いんねんの影《かげ》もなしに結構になっている。

そのお母さんは、本当に低い落ちきった気持ちで通られた。貧乏ですから、おつくしは十分にできません。けれども、にをいがけ・おたすけに打ち込みました。それによって、今日のいんねんの切れた結構な姿が現れてきているのです。

そのお母さんは「会長さんが一番ありがたい」って、口先だけじゃなく、心の底から言ってくれます。そういう喜び上手の人は、本当にたすかっていますね。

第五章

丹精に心を尽くす

実動の姿で仕込む

私は「実動が話であり、仕込みである」という信念を持っています。部内教会や布教所で、しっかりした人がいるところは五十カ所ほどある。それで調べてみたら、その半分ほどが、にをいがけをやっている。半分は全然やっていない。全然やっていないところに私が出向いて、ハッパを掛けようと思い、教会の黒板に、冒頭の私の信念を書きました。

私の妹と弟の布教所は川崎《かわさき》にあります。そこは、布教せん布教所でした。弟の家内は後妻さんで、信仰のないところから嫁に来た。それで、先妻の子とうまくいかん。息子が家に寄りつかない。そんなこともあって、弟の家内は、しょっちゅう「実家へ帰らせてもらう」と言っていました。別席も運ばせて修養科にも入れたけど、「もう、どうしてもあかんから里へ帰ります」と言ってきたので、私が出かけていったんです。

ところが、仕込みに行っても、ひと言も仕込まれへん。それで二日間、朝九時ごろから夕方五時ごろまでぶっ通しで、五階建ての団地をにをいがけに引っ張り回した。そうして、「さよなら」って帰ってきた。

それから一カ月後、今度は妹が私のところに来て言ったのです。「弟夫婦に何かええ話、聞かしてくれたそうやね。今ではすっかり改心《かいしん》して、『申し訳なかった、しっかりやらしてもらいます』って言うてる」

私は何も話しとらへんのにね。「実動が話であり、仕込みである」と、私はこういう信念です。

その後、弟の息子の嫁が妊娠したら、逆子《さかご》になった。切って出すより仕方がないと医者は言う。逆子は誰《だれ》に聞いても「親不孝の理」って言うのに、そのお義母《かあ》さんは、ひと言も親不孝やと息子夫婦に仕込まんのです。

そうこうするうちに、

「こうなった原因は、私がもう一つ真剣に親神様の言うことを聞いてなかったからや。私が会長さんの言うことを、しょうことなしに（仕方なく）聞いとった。申し訳なかった」

こう言って、精いっぱいの理立てを送ってきた。泉東《せんとう》の月次祭にも欠かさず参拝するし、一生懸命にをいがけもすると心定めした。そしたら、嫁の逆子がきちんと直った。それからは親子がスカッと心一つです。本当に明るい家庭になりました。

私は丹精のうえでは情が強いけど、おつとめと伝道になると、ものすごく厳しいんです。

部内の教会と布教所を片っ端から回っていて、東京方面のある教会へ行ったときのことです。数人の信者を連れて、大きな団地内をにをいがけに回ったら、半分ほどが途中で脱落した。なんぼ探してもおらへんから、教会へ戻ってみたら、先に帰っとるんです。私は怒りました。

「真柱様《しんばしら》の諭達《ゆたつ》に対しての実動、伝道なんだ。なんと心得とるか！　逃げた奴《やつ》は、もう一遍《いっぺん》やる！」

間もなく大阪の泉東分教会へ来させて、午前午後と、にをいがけのやり直しをさせました。

自ら通ってこそ

最近の若い人たちは、にをいがけに出ても粘《ねば》りがありませんな。二、三時間引っ張り回したら、「もう、やめてくれ」です。もっと粘りを持たないかんと思うんです。

しかし、おたすけとおつとめ以外の雑用があまりに多すぎる。つい、それにとらわれてしまっているのです。ですから、本当に大事なものは何かと確かめる意味でも「おたすけとおつとめにウエイトを置いているか？」と、しょっちゅう皆に聞くんです。

以前、泉東分教会に住み込んでいた若いお嫁さんが言ってました。

「今の会長さん方は、ああせい、こうせい言うだけで、なかなか実行している人が少ない。だから、私はそういう人の話は聞けません。でも、泉東の前会長さんの話だけは、『はい』と聞きます」

やはり、みんなを引っ張っていくには、自分が通らないといけません。通っていない話だったら、空念仏《からねんぶつ》みたいになりますね。

「にをいがけの指導に来てほしい」と言われて、支部へもしょっちゅう出かけます。でも見ていると、どうも、にをいがけに行きたくないようなふうですね。

私も初めは、やっぱり誰《だれ》かの尻《しり》について歩くだけでしたよ。昔は今みたいに、にをいがけの要領などを言うてくれる人なんかいないですよ。独力で道を開いていかなね。

褒めて育てる

うちの教会の門屋《もんや》の前に、神饌《しんせん》用の畑があります。村上家は広い土地を持っていたのですが、私の代になってから全部納消《なっしょう》しました。残っているのは、畑にしている千坪だけです。

その畑のひのきしんに、二人の信者さんが来てくれます。Aさんは信仰も古く、昔からずっとお百姓専門みたいにやってくれていました。もう一人のBさんは、まだ信仰に入って五年です。ところが、この人にはおばあさんの伏せ込みがあるので、成人が早いのです。いい悟りをしますよ。

このBさんの娘さんは品行が悪く、父親も手を焼いていたのです。ところが、教会の畑のひのきしんをするようになってから、だんだんと娘さんに変化が現れてきて、しまいにはすっかり人間が変わったようになったのです。

Bさんは畑のひのきしんとともに、にをいがけ・おたすけもします。信仰年限はまだ浅いけど、どんどんやるのです。警察署にも堂々と入ります。にをいがけをして帰ってくるとき、おまわりさんが五人くらい一列に並んで送ってくれると言うのです。

「どうもご苦労さまでした。今後ともよろしくご指導お願いします」

そんな迫力を持っています。電車の中でも、おさづけを取り次ぐしね。私の愛弟子《まなでし》と言うてもいいくらい勢いがあって、それですっきりご守護を頂いたのです。

「教会でのひのきしんは、私の特効薬でございます。これで娘が良くなったんですから」

そのほか、いろいろな困ったことが起きても、お道らしい悟り方をして、明るく節を乗り越えていくのです。

そういう話を、私は部内教会でしたのですが、それをAさんが聞いていたらしいのです。そしたら感じが悪くなってきてね。Aさんのことをあんまり褒《ほ》めんと、Bさんのことを褒めたから、大きな声で怒鳴《どな》っていました。

「あんな話を聞いたら、私はしゃくにさわるんや！」

このことで大いに反省させられました。私は、人のいいところはできるだけ褒めるようにしているんですけど、信仰の古いAさんのことは褒めなかったのです。話の筋から、Bさんを褒めないかんようになってしもうた。

こういう点は気をつけやないかんな。

こちらから足を運ぶ

泉東分教会には修養科を出ている人が随分《ずいぶん》いますが、信仰から切れていく人はほとんどおりません。でも、あんまり教会に運んでこない人はいます。そういう人の家には、こっちから足を運びます。

おつくしもしない、教会に参ってこようともしないような人からは、喜びの言葉は出てきません。ものを言うたら、不足のほうが多いのです。「修養科に入ったけど、ちっともええことない」とか「修養科に入ったのに病気が治らない」とか、こういうのはちょいちょいあります。どの会長さんに聞いても、そんな人たちの丹精に出かけていくのは、足が重たいらしいのですが、私はちっとも重たくないのです。

なぜかと言いますと、私はいつも第一線のにをいがけをするでしょ。全然知らない人に話をするわけですから、やはり緊張します。表面では家内やせがれと話すような、それくらいのつもりでにをいがけをしていますが、心の底ではやはり、どこか緊張していますね。ちょっと下手《へた》なこと言うたら、「もう来てくれんでもよろしい！」ということになります。そうなったら、取りつく島がないですよ。だから、第一線では常に緊張しています。

にをいがけの帰りに、お参りもおつくしもしないような信者さんの家に立ち寄ることがあります。そんなとき一番感じるのが、やはり信者さんはありがたいということです。安心して、ものが言えますからね。ちょうど、大洋を航海してきた船が港に入ったような安らぎを覚えるのです。

第一線では油断も隙《すき》もないので緊張していますが、信者さんとなれば、ありがたい。ですから、大切にしなければいけない。捨ててはおけぬ、放ってはおけぬという丹精の心が湧《わ》いてきます。

にをいがけに回っていると、昔は天理教を信仰していたが、今は切れているという人にも出会います。そんなとき、教会からの丹精の大切さを、あらためて思いますね。

また、教会でも信者宅でも、信仰の後継者がいないという話をちょいちょい聞きます。うちの場合、神実様《かんざねさま》を祀《まつ》っているところは、ほとんど親の後を継いでいます。親の代に切れたのは、ちょいちょいありましたが、後を継ぐ息子の代で切れたというのは聞いていないですね。

私の時代は、丹精に尽きるというくらいの勢いでした。道をつなぐには、もう丹精しかないですね。にをいを掛けて、悩んでいる人を教会に連れてきて、そして教会で世話をする。教会に住み込んだままという人もいます。

お礼の心が足りない

ある教会の奥さんが相談に来られました。

おじいさんの代から続く役員さんが、天理教の信仰をやめてしまった。筆頭役員が改宗したので他の信者も動揺している、というのです。

「どないしたら、よろしいでしょうか?」

「そんなん、切れてしもうた人に、いくら戻ってこいと言うたかてあかん。

それよりも、一人切れたら今度は新しい人を二人、三人お与えいただこう。それくらいのファイトを出して、しっかりにをいがけに励みなさい」

「私がにをいがけに行ったかて、誰も話を聞いてくれません」

「自分でそんなこと決め込んでしもうたらあかん。聞いてくれてもくれなくても、にをいがけをしっかりやらしてもろうたら大丈夫や。まず心を定めなくてはいけない。あんたはいま、切れた人のことばっかり思っている。なんとかして戻ってきてほしいって。それではあかん。おじいさんの代からの役員さんやから、尽くすのが当たり前や、教会に運んでたら、それだけ本人が徳をもらえるんやと、あんた方、そんな調子で今日《きょう》まで説いてきたんと違いますか？」

「そうですねん」

「それじゃいかん。もっとお礼を言いなさい。おじいさんの代から今日まで、うちの教会のために尽くしてくれて本当に申し訳ない、ありがとうございましたと、戻ってもらうことを考えるよりも、心からお礼を言いなさい。そしたら、その人が戻ってくるか、代わりにその人と同じような人を親神様が与えてくださる。あんたの近くに、うちの熱心な布教師がおるから、その人に頼んであげるから、あんた、その人に、にをいがけに連れていってもらいなさい」

そう言って別れたのですが、思えば、同じようなことが、うちの直轄の信者にもありました。

これも、おじいさんの代からの役員の話です。その孫に当たるのが布教所長となって、熱心ににをいがけをやっておった。一年間に別席者を十二、三人もお与えいただいた。

ところが、途中からお不動さんのほうへ変わったんです。若い時分に胸の病気になって、私が知らん間にお不動さんへ行き、そこでたすけてもらったからだそうです。

いくら言っても、お道の信仰には戻らへん。お供えだって、みんなお不動さんへ持っていく。そして、にをいがけをして導いた人も、みんな彼についていく。私が「なんとか戻ってもらわなければいかん」と説得しても、聞き入れてくれずに悩んでいたのですが、ある日こう思いました。

「私はいま、戻ってほしいとばかり思っているが、ここの家がおじいさんの代から教会のために尽くしてくれた真実、それに対して、どれだけ心からお礼を申し上げただろうか……」

事実、お礼の気持ちはあまり持っていませんでした。「尽くしたら尽くした分だけ、その者が徳をもらうんだ。運んだら運んだ分だけ、たすかるんだ」と、そういう気持ちが強かったのです。でも「今こそ、本当に心の底からお礼を申し上げるときが来た」という心にならせてもらえた。

それからしばらくして、八月の暑い日に、そこの家に行ったのです。そしたら何かを燃やしていた。見ると、お不動さんのお社《やしろ》でした。「なんでや?」と聞くと、「お不動さんは良いときはチヤホヤ言うけど、悪うなったら放っておきよる。やっぱり天理教やなかったら、あかんということが分かった」と。

私が「帰ってきてくれ」と思っている間は帰らない。でも「今日まで尽くしてくれた真実に対して、心の底からお礼を申し上げよう」と思ったら、神様が働いてくださった。

信仰も二代三代になったら、お礼を言うのが欠けるから人が来なくなるのですね。初代はやはり苦労しているから、そういうことは自然とできます。けど、二代三代になってきたら当たり前と、こうなる。これが怖い。

名もなき社会事業

丹精とは、こちらが親の心と一つになるということです。われわれは先生になるのやない、親の心に近づくんですね。そのためには、相手の心に溶け込んで、共に苦しみ、共に祈り、共に喜びを分かち合う。これが一番大事なことです。

自分を無くして相手に溶け込むということですね。だから、丹精しただけ親の理に近づけるのです。

私の教会では、今日までに、大変な身上《みじょう》や事情を抱えた人を大勢預かってきました。私がやってきたのは、公《おおやけ》に名前こそついていませんが、歴然たる社会事業です。家でも手に負えない者ばかりを、一銭ももらわずに、食べさせて親身に面倒を見るのですから、これも立派な社会事業ですよ。

前科者、やくざ、怠け者、アルコール依存症《いぞんしょう》や精神分裂病の患者……。なかには更生したり治った者もいますが、その数は少ないですね。皆なかなか、すっきりとご守護いただけませんね。

今までにいろんな人が教会に来ましたが、誰もが親子の間、夫婦の間に問題を抱えています。それは、神様から大恩を受けていながら、ご恩報じができていないがために起こってくる悲劇です。

親がしっかりと教会へ運んでいると、子供はたすかりやすいのですが、親不孝な人や信仰にうとい人は、たすかりにくいようです。おじいさん、おばあさんの代に信仰熱心だったとか、お金や物で人をたすけたというような先代の伏せ込みがあると、たすかる率がうんと高くなるのですが。

たとえば、短刀を突きつけて強盗に入ったあるやくざ者は、おじいさんが寺男として一代伏せ込んでいた。その徳によって、孫の代に私と出会ったのを機に親神様を知り、たすけてもらえた。そういう組み合わせになってくるんですね。

住み込み人は今が一番少なくて、二十人くらいです。私が会長の時代には四十人ほどいました。一番多いときには五十人。いくら質素な生活をしていても、そりゃ大変でした。

それぞれの家で手に負えない者ばかり。そんなやぼな連中は、にをいがけに行っても喧嘩《けんか》をしたりするのです。もう何かと事を起こしますから、こちらも気を使って、本当ならどこか身体《からだ》が悪くなって、倒れてもおかしくないという状態でした。講演などでよそへ行っていて「先生、教会から電話かかってきましたよ」って言われたら、まずは「誰かが何か事を起こしたんじゃないか?」と、いつもヒヤッとしていました。

神様が入り込まれる

住み込み人の中では、精神分裂病を患っている人が一番手が掛かりました。少しも目が離せないからです。長年、教会にいれば、大体どうしなければいけないかくらいは分かるはずですが、それが分からない人もいます。用事を頼もうと名前を呼んでも、立っているだけで返事をしません。

でも「こうしておいて」とか「ああしておいて」と言うと、ちゃんとやってくれます。まるで小さな子供のようですよ。心が純で、こちらが教えられます。そういう子を見ていると、どうしても、こちらの心がおおらかになりますね。

その中の一人の青年を、にをいがけに連れ回ったんです。彼は三年間、精神病院に入って、その後の三年間はずっと家で寝ていたんです。そこへ、私がにをいがけに行った。お母さんは手を擦《す》り合わせて「一生お供えしますから、教会に連れていってください」と頼みました。

教会に来て、ひと月ほど寝てましたが、ボツボツ起きるようになって、やっと普通の状態に戻ってきました。それで、にをいがけに連れ出したんです。

この子には「にをいがけに行ったら、自分のご守護いただいた話をするように」と、よく言い聞かせておいたのですが、家に入ったら、そのことをすっかり忘れてしまって、うんともすんとも言葉が出ない。「天理教はどんな教えですか？」と聞かれて、「仏教です」って答えよったんです。もう、むちゃくちゃで、最初は本当に面食らってしまいました。

それから半月ほどして、私のせがれが偶然、その家を訪ねたんです。そしたら、向こうから「信仰させてもらう」と言ってきた。「あんた、天理教は仏教やとむちゃくちゃなことを言われて、なんで信仰する気になったんですか?」

「あの人と話してると、なんとも言えない好感が持てる。それに、あんな人でも伝道に押し出していく天理教の力、教会の熱意に感銘しましたね。立派だと思います」

そして教会に参ってきて、私はまだ早いと思っていたのに「別席を運ばせてくれ」と言って、おさづけの理を戴《いただ》きました。

理詰めで考える人は、好感とか迫力とかは、あんまりないですね。少し抜けたような人ほど、相手にリラックスさせるような感じを与える。だから、にをいが掛かるんです。

ところが、自分がにをいを掛けた人がおさづけの理を戴いたのに、本人はそのことさえ分かっていないんですね。「天理教はどんな教えですか?」って聞かれて、「仏教」と答えても、このように、にをいが掛かる場合があるということです。

　神様が入り込んでくださったら、これはもう別ですね。やはり、にをいがけは神様が入り込んでくださるというのが一番大切なんです。

　この青年は今でも教会におります。

「おまえ、にをいがけに行ってどない言うねん、ここで言ってみ」

「僕は家にいてるとき、三年間寝てました。天理教の教会に来てから、だんだんと良くなって、今では神様のご用を楽しくさせてもらって、こうやって元気にしてます。ありがたい神様です。神様のお話を聞いていただいたら、それが心の栄養になって、喜びの心が大きくなって、毎日が楽しくなってきます。教会は二十一日がおつとめの日です。おつとめに参拝させてもろうたら、身体の弱い人は元気になって、心の暗い人は明るくなります。一遍でもお参りに来てください」

「では、天理教はどんな教えですか?」

「仏教です」

ボディーガード

初代は気の弱い人やったそうです。相手からしゃべってきたら困ってしまうような、おとなしいタイプだった。だから傍《はた》の人が心配して、どこへ行くにも、いつも米俵《こめだわら》を担げるようなボディーガードをつけました。

父(二代会長)は、私が生まれて半年くらいの間、大阪の住吉《すみよし》という地で夫婦そろって布教をしていたのですが、そのときも父と母だけじゃなしに、お手伝いさんがついていったそうです。お手伝いさんが私を背負って、夫婦はにをいがけ・おたすけに出ていたのです。

今の私には、にをいがけ先の路上で出会って、教会で丹精をした者がついてくれています。背は低いけど、腕なんかもう筋肉もりもり。朝昼晩、毎食茶碗七杯という大食漢《たいしょくかん》です。それが、私が頼みもせんのにボディーガードをやっているのです。

うちの教会では、ご飯と風呂《ふろ》の燃料に古材を使っています。よそからもらってきて、青年が切って、車庫の向こうに山のように積んでいます。その仕事を、ボディーガードに頼んだのです。そのうち彼は、それに生きがいを感じるようになりました。

「これ専門にやらしてくれ」

「おまえがやったらええ」

かつて放浪の旅を続け、傷害、窃盗《せっとう》、強姦未遂《ごうかんみすい》という前歴を持つ者が、教会の〝燃料部長〟という立場に就《つ》いたわけです。そして、これが楽しいと言っています。

この青年にも、にをいがけ先では自分自身がご守護いただいたことを話すように教えて、毎日稽古《けいこ》させました。

ところが、歩いている間に忘れてしまうのです。ある家に、にをいがけに入ったところ、次の瞬間、言わんとすることを忘れてしまって言葉が出てきません。

そこで青年の口から出たのが、「何かひと言、おっしゃることはございいませんか?」。

そしたら、相手の人は「何もございませんから、どうぞ早くお帰りください」。

先方はびっくりしていました。

こんな一大ナンセンスを引き起こし、にをいがけから帰るバスの車中は爆笑の渦《うず》に包まれたのです。しかし私は、この青年を通して「話すばっかりじゃあかん。向こうの言うことも聞かないかんな」と教えられました。

私がにをいがけに行ったら、しゃべるばっかりで、相手の言うことを聞くのが欠けていた。やっぱり聞くということは大事ですね。

「俺の話、聞けんのかい！」

広島から来た青年が、教会に来て一週間目のことです。

「おまえ、この教会で一番偉いんか？」

「偉いことないよ」

「そういうような嘘《うそ》を泥棒の始まりという。いい加減なこと言うたら、承知せんぞ！」

これが私に対するあいさつでした。それがコロッと変わって、今でも教会にいます。

彼と一緒ににをいがけに出て、ある家に入ったときのことです。

「うちは天理教が嫌いなことありませんけど、隣の家は天理教嫌いですよ。だから、あんた行かんほうがよろしいですよ」

向こうは親切で言ってくれたのです。本当なら「親切にどうもありがとうございます」と言うところですが、この青年は違うのです。

「行こうと行くまいと俺《おれ》の勝手や。いらんこと言うな！」

そう言って隣に入っていくのです。そんなんだから、一緒に行った者が袖《そで》を引っ張っていました。

「うちは、ほかの宗教を信仰してますから、天理教は結構です」

「俺の話、聞けんのかい！」

「そんなら聞かしてください」

そう言われたら、相手は何も言えない。まあ空元気《からげんき》ですが、勢いだけはありますよ。私にもハッパ掛けたりするんです。

ある冬の寒い日、杖《つえ》をついて、にをいがけに回っていたのですが、三十軒ほど入ったけれど一軒も話を聞いてくれない。すると、横からその青年が言ってくるのです。

「こらっ！　しっかりせい、しっかり。誰も聞いてくれへんがな！」

そんな男です。

「お父さんと呼ばせてくれ」

私がにをいを掛けた、ある製薬会社の重役の息子二人は、共に精神分裂病を患っていました。弟は修養科で、どうにかご守護いただいたのですが、兄は十年間、病院を出たり入ったりしているほど重いから、修養科にも入れなかったのです。そこで、教会に連れてきて世話をしました。

彼が教会に来てから一番大変だったのは食事でした。教会に来るなり、ご飯を食べなくなったのです。三度の食事ごとに私が側《そば》について、赤ちゃんに食べさせるような感じで口まで運ぶのですが、ほとんど食べません。薬も自分で飲めない。食事ごとに飲ますのも私の仕事でした。食事中に「煙草《たばこ》をくれ」と言うので、はしを置いて煙草を取りに行くことも、しばしばでした。

食事のほうは二十日間ほどで普通にできるようになりましたが、夜は寝ない、暴れる、飛び出す、の繰り返しでした。また、女の人に抱きつきにいって、困らせたこともあります。家の人も「病院に入れてくれ」と言っていました。

一週間に一回、彼を天理よろづ相談所病院「憩《いこい》の家」へ診察に連れていったのですが、ある日、待っている間にイライラして、看護婦さんに抱きついたのです。お医者さんも怒っていました。

「なぜ早く入院させなかったんや。天理教の教会は医学を無視する」

と言われました。

「無視していないから、こうやって連れてきて、診《み》てもらって薬を飲ましているんですよ」

「それも程度がある。病院に入れなあかん」

「病院に入れても治らんから、教会で預かって世話をしているんです。私は、いい加減な気持ちでやっているんじゃないんです」

「……失礼なことを言いました」

そのお医者さんは、京都大学元総長の平澤興《ひらさわこう》博士の息子さんでした。

この青年は、年の暮れの朝に教会を飛び出したのです。夜十時ごろに、奈良県の明日香《あすか》村から電話があって、連れ戻しに行きました。

そのとき、青年の父親が言いました。

「これ以上、教会に迷惑を掛けられませんから、入院させます」

「ちょっと待ってください」

ついに土壇場《どたんば》まで来た私は、五日間の断食を心定めして、親神様にお願いしました。

「私の生涯で初めてですが、私はどうなっても結構です。何とぞ、この青年をたすけてください」

それから青年は、だんだんとご守護を頂いて落ち着くようになりました。ひのきしんもし、にをいがけにも行けるようになった。そして私に「お父さんと呼ばせてもらってはいけませんか?」と言ってきたのです。

自然さが心に響く

この青年をにをいがけに連れていくと、何を言うやら分からない心配もあります。にをいがけに入って断られたときのことです。

「うちは別の宗教を信仰してますから、天理教は結構です」

「そんな宗教なんて、どうでもよろしい。お宅の家は天理教を信仰なさらなかったら逼塞《ひっそく》いたしますが、それでもよろしいか?」

もう、めちゃくちゃです。

また、ある寒い日、初めての家に入るなり、こう言うのです。

「今日は寒いですから、お茶とお菓子をお願いします」

私は全く面食らってしまいました。

「奥さん、どうぞ気になさらずに」

ところが、その奥さんは、

「こんな寒いところをお回りくださっているのに、気がつきませんで申し訳ございません」

と謝って、お茶にお菓子、そのうえ煙草まで持ってきてくれたのです。

「そんなことしてもらったら困るんですよ」と、私も変な気持ちになって、話もそこそこに家を出たのです。すると、その青年が言いました。

「会長さん、私の病気のことは気にしないでください」

この青年のにをいがけのやり方には、全く人間思案がないんですね。ほかの人がこんなことを言うたら格好がつかんですよ。でも、彼が言うたら不自然な感じがしないんです。ごく自然な感じで、奥さんがお茶やお菓子を持ってくるんですからね。ごく自然な感じが、相手の心に響くんです。

私もある程度強引なほうですが、この青年は私以上です。断られても引き下がらない。私が「いい加減に下がったら？」と言うと、「そんなことで真剣だと言えますか？」と逆《さか》ねじを食わされます。この青年が「ごめんください」と玄関を開けると、相手がたじたじする。そんな迫力が、傍《かたわ》らの私にもよく分かります。

にをいがけに行って、屋根の上で瓦《かわら》を葺《ふ》いて仕事をしている人に、下から平気で声を掛けよる。ためらいがない。その点では、こっちが教えられますよ。

また、この青年は、なかなか面白いアイデアを持っています。

ある家に私と一緒に入ったのですが、しばらくしたら、ちょっと話が膠《こう》着《ちゃく》状態になった。そしたら、その青年が言いました。

「ちょっとすみませんけど、のどが渇《かわ》いたんで、お水を一杯頂けませんか？」

その青年を連れていくと、しょっちゅう「水をくれ」と言うんです。

「おまえはよく、のどが渇くんやなあ」

「あれはね、局面を変える一つの方法として、水一杯と言うのです」

その青年の考えによれば、「水をくれ」と言うのが一つの手だということです。相手の人が水を取りに行っている間に、気分が変わるんですね。また新たな局面になって、話が進んでいくというのです。

この青年は、私に「お父さんと呼ばせてくれ」と言うた第一号です。それにしても「お父さんと呼ばせてくれ」と言われたときは、なんとも言えん、ええ気持ちでしたね。

矛盾の迫力

精神分裂病のために、若いころから二十数年にわたって薬を飲み続けていた「ヒロちゃん」という婦人がいます。彼女は教会に来てから薬をやめ、たった一年でご守護いただきました。彼女は「お父さんと呼ばせて」と言った第二号です。教会に来た当初、私たち夫婦の部屋に寝かせて世話をしましたね。

以前は病院にいたのですが、暴れたりして手に負えないので追い出されました。それくらい症状が重かったのです。ご守護いただいてから、入院していた病院へ遊びに行ったのですが、医者と話していても全然崩れない。「どうして治るのか。何か方法があるのですか?」と医者が二回、教会に来ました。そして、神様に向かって「天理教さん、ありがとうございます」と言って、手を合わせてくれました。

この婦人をにをいがけに連れて回って、横で話を聞いていると、どこが頭やら尻尾《しっぽ》やら分からない矛盾だらけの話をしているのです。ところが、戸別訪問側で聞いていても圧倒されるような迫力があるんです。それで、戸別訪問が済んだあとで褒《ほ》めてあげたのです。

「ヒロちゃんの話は素晴らしいな、矛盾に満ち満ちているね」

「ありがとうございます」

もう、大変喜んでいました。それで教会へ帰ったら、畑仕事をしている青年をつかまえて言うのです。

「こら、おまえら矛盾あるか！　うちの話は矛盾ある言うて、会長さんが感心してくれるんや。しっかりせえ！」

言っているほうも言われたほうも、なんのことやら分からないのです。でも、矛盾していても、その迫力がやはり心を動かす力やと思いますね。

ヒロちゃんに、にをいがけ先での話し方を教えました。

「二十年以上も分裂病で悩んでいて、教会に来てから良くなったんです。

そのご恩報じに、こうして伝道させてもらっています。教会に来てお参りしてください。教会でおつとめに参拝して、お話を聞いていただいたら、それが心の栄養となって、心が明るくなって運命が変わってくるんです」

こんなふうに、自分がたすけてもらった話をしなさいと言うても、忘れてしまって、いらんことを言うんです。

「ごめんください。天理教の者ですが、私は二十年間薬を飲んでいました。教会に来てください」

「それだったら抜けてるがな。教会に来てから治ったという大事なことを言わなあかんがな」

「会長さん、紙に書いてください。私、読みます」

それで、にをいがけ先では紙に書いたものを読むようになったんです。

ところが、書いて渡して読ませてみると、全く迫力がない。頭やら尻尾やら分からん話のほうが、かえって迫力があっていいですね。

第六章

布教の情熱は海を越えて

外国人布教

私が会長だったころは月に二回、外国人ににをいがけをするため、奈良の東大寺《とうだいじ》へ行っていました。今でもたまに行きますね。時には京都や神戸などへも行ったりしていました。

先日も東大寺へ行って、ニュージーランドの二十九歳の独身男性に、天理教の夫婦観というものを二十分ほど英語で話したのです。彼は「こんな話は聞いたことがない」と大変共鳴していました。教会本部に案内しようと思ったのですが、スケジュールの都合で行けず、彼は非常に残念がっていました。

外国人ににをいが掛かると、案外、日本人よりも早く別席を運ぶものです。私が現役の会長だったころは、外国人の教会住み込み人が途切れたことはなかった。常にどこかの国の人が住み込んでいました。

外国人ににをいがけをして教会へ連れてくると、よく話を聞き、よく実践しますよ。

あるオーストラリア人は教会へ来るなり、おつとめと伝道に魅力を感じましてね。うちのおつとめは一時間以上かかるんですが、来た日の夜から、最後まできちんと勤めるのです。「私もやってみたい」と言いだしてチャンポンをやらせたんですが、その人は正座ができませんし、あぐらをかいたら後ろへひっくり返る。それで、中腰でやるんですね。伝道にも一緒についてきていました。

「日本語も分からんのに、どうするのか?」

「ボタン(呼び鈴)を押して、パンフレット渡すくらいはできる」

そう言って、最後まで一緒にするのです。その熱心さに驚くのですが、この人の両親は、チェコスロバキアで宗教弾圧を受けたとき、参ってはならない教会に参って、お父さんが半年、お母さんが三カ月も監獄に入れられたそうです。

もう一人、スイスから来ていた男性は、彼のおばあさんが熱心なキリスト教の信者でした。彼はおさづけの理を戴《いただ》いて、そのことをスイスの実家に手紙で知らせました。すると、おばあさんは、孫が日本で天理教になったと知って卒倒したそうです。それくらい熱心なクリスチャンだったのです。彼が教会にいたのは二カ月ほどでしたが、おつとめに対して、ものすごく興味を持っていました。

教会に住み込むような外国人は皆、両親や祖父母がキリスト教などに熱心ですね。日本人と同じです。だからやっぱり、親々の信仰の大切さを感じますね。

親の心に信仰の喜びが渦《うず》巻いていれば、後継者への仕込みは必要ないんじゃないかとさえ思えるのですよ。やはり親の伏せ込んだ理が、教会長や信者の後継者にとって、何より大きな〝つなぎ〟になるのですね。

群集の中でおさづけ

東大寺では、こんなこともありました。

冬のある日、いつものように外国人ににをいがけをしようと思って出かけたのです。ところが寒いから、外国人が来ない。それで「日本人でもいいから、にをいがけをしよう」ということになったのです。

その日は日曜日だったので、日本人の拝観者が大勢いました。私の横にいた焼き芋《いも》屋のおばさんに話しかけたら、神経痛ということでした。

「近くの教会に参って、話を聞かせてもらって、おつとめに参拝したら治るよ」

そんなことを十分ほど話しました。そして拝観に来た人が大勢並んでいる横で、そのおばさんにおさづけを取り次いだのです。そのときは、なんとも言えないくらい、いい気持ちでしたね。

駅のプラットホームや路傍でおさづけを取り次がせてもらったら、特にいいですね。勇んできますよ。

路傍でのにをいがけやおさづけはハラハラするから、ほこりがよけい多く取れると私は思うんです。病院だと、医者が「そんなのやめてくれ」と言う場合が多いのですが、路傍だったら「やめてくれ」と止める人がいませんから、病院よりしやすいですね。

この前、ある会長さんに病院でおさづけを取り次いだんです。おさづけが終わったら、医者が後ろで待っていました。普通だったら、「そんなのやめてくれ」と言ってきますが、その医者は、私がおさづけを取り次いでいる間、待っていてくれました。

群衆の中でおさづけを取り次いだら、気持ちが清々《せいせい》しますね。病院の待合所とか、人が大勢集まってる中でね。電車では一回もしたことはありませんが、つい最近も大きな病院の待合所で、おさづけを取り次がせてもらいました。

病人の部屋が分からないので探していたら、その人が待合所にいたのです。大学病院なので、待合所といっても広いんですよ。その場で、おさづけを取り次いだ。みんなが見てる真ん中でね。群衆の中でおさづけを取り次いで帰ったら、それは気持ちええですわ。ハラハラするだけ、ほこりが取れたような気になるんです。

ハワイでにをいがけ指導

十七、八年前、ハワイに三年連続でにをいがけに行きました。本部の海外布教伝道部（現・海外部）からの派遣で、にをいがけの指導に行ったのです。一回行ったら一カ月ほどかかりますが、実動した日にちにすれば、わずかです。

向こうでは、皆を連れて片っ端から家を回りました。当時のハワイ伝道庁長さんと私が手を組んで、皆を引っ張り回したのです。そしたら、現地の教友の間に、ものすごい布教意欲が湧《わ》き起こってきた。

海外でも、日本でのにをいがけと同じような話をすると、日一日と相手に話がしやすくなりますね。それはありありと分かります。

外国人は、話はよう聞くんですよ。かしもの・かりものとか、ほこりとかね。いんねんは彼らの教えにはありませんから、理解するのは難しいようですが、かしもの・かりものとほこり、それから夫婦関係を話すと、皆よう聞きます。

外国人は一回話を聞くと、たとえ一ドルでもお供えする人が多い。タダで聞いたらいかんという感じですね。おさづけの取り次ぎも受けるし、にをいがけはしやすい。神様を信じるという心も強いですね。

その代わり、ご守護を頂いても、一遍《いっぺん》お礼したら、あとは貸し借り関係は無し。本当につながらないのです。それが悩みですね。日本人みたいに恩に感じるという心が薄いのか、非常にやりにくいですね。伝道庁の月次祭には百人くらい参ってきますが、当時、白人は二人か三人、あとは皆、日系の方でした。

ハワイでは、病院からお礼を言われたことがありました。

伝道庁の近くの病院に、にをいがけに行ったのです。そしたら、伝道庁に電話がかかってきました。

「うちの病院にしょっちゅう来る日本人は、どういう人ですか?」

「天理教の伝道をする人です。悩みに答え、たすけてくれる、そういう働きをする人です」

「あの人が、この病院に来るようになってから、文句を言う病人が減りました。病院では非常に喜んでいます。よろしくお礼を言ってもらいたい」

向こうの人はちょっと何かあったら、落ち度を追及する傾向があるようです。自分が不注意で寝台から落ちても、「寝台が悪いから落ちた」という具合に。で、損害賠償。

そんな気風ですから、病院からお礼を言ってもらうのは大変なことなんです。

語学は独学で

海外で講演するときは、前もって原稿を作ります。全部英語でね。語学については、五十を過ぎてから独学しました。ドイツ語もそこそこやりますが、英語ほどはできません。

教会で朝夕に読む『おふでさき』『天理教教典』『稿本天理教教祖伝』『稿本天理教教祖伝逸話篇』『諭達《ゆたつ》』。これらの中で『おふでさき』『天理教教典』『逸話篇』は、みんなは日本語のを読んでいますが、私だけは英文のを読んでいます。

教会本部から発行されている外国人向けのパンフレットには、英語、ドイツ語、フランス語と、いろいろあります。やはり天理教は世界宗教ですから、海外にどんどん出ていかないとね。

私は自分でもパンフレットを作っていて、それを持ってハワイのほうも随分《ずいぶん》と回りました。それからアメリカ本土、カナダもね。

教語を英語にする場合、訳しにくい言葉がありますね。たとえば「徳を積む」ということ。ある先生が「accumulate virtue」って訳しています。「accumulate」って、「積む」ということですね。「徳」は「virtue」ですね。でも、それをハワイで言うたら、

「村上先生、そんなん通用しませんよ」

「どない言うのですか?」

「"accumulate merit"って言うのです」

「〝merit〟ね、功徳……」

功徳を積む——そんなんでは、天理教の「徳を積む」という意味と、ピタッときませんね。

それから「～したほうがよい」は「had better」というのを使っていました。「伝道庁の月次祭に参拝したほうがいいですよ」と言うなら、「You had better attend a monthly service at Dendocho」ですね。

「村上先生、あれでは〝force〟という強制になる場合もありますよ」

「でも、英語の文法の本を読んだら、『～したほうがよい』というときには〝had better〟って書いてありますがな」

私の教会では留守番を四、五人残して、あとは全員伝道に出ていきます。それで、「留守番」というのを字引きで見たら「caretaker」って書いてあるので聞いてみたんです。

「村上先生、〝caretaker〟って言ったら、『墓の番人の……』という意味になります」

「文法の本に書いてあるがな」

「いくら書いてあっても、ハワイでは通じません」

実地にぶつかったら、だいぶ違っているところがありますね。意味が通じないことも、しばしばです。

でも、楽しかったですね。本場での英語によるにをいがけ。それまでは奈良の東大寺でずっとやってましたからね。外国に行ってやったのは、あのときが初めてでした。

第七章　おさづけの理を信じきる

自力にして他力

にをいがけ先で一回だけ、こんな質問をされました。

「天理教では、ほこりを払うと言いますが、それは自力《じりき》ですか他力《たりき》ですか？」

「自力でもありません。他力でもありません」

「なんや、わけ分からんな」

「そのわけが分からんというのが、天理教の信仰なんです」

自力にして他力。相対《あいたい》する二つのものが一つになる。人間の努力三分、陰からの神様の働き七分、三分と七分で十分として受け取っていただく。

ここにもやはり、二つ一つの天の理がありますね。

心の治め方にしてもそうです。理と情、固く柔らかく。非常に大事なところですよ。会長さんや布教所長さんの中には、理ばっかりで通っている人があります。情が欠けていると信者はついてきませんし、育ちません。やっぱり情と理、固く柔らかく、そういう二つ一つが大事ですね。

神様を信じない人

東京の八王子《はちおうじ》に部内の布教所があります。その周辺を、皆を連れて、にをいがけに回っていたときのことです。

ある一軒の家に入ったら、女の人が出てきました。

「私は何回も危ないところをたすけてもらいましたから、そのご恩報じに伝道をさせてもらっています」

「そんなことないでしょ。神様の話を聞いて信仰すれば病気が治るなんて、そんなことはないわ」

「あなたは神様を信じないんですか?」

「信じません」

「じゃあ、何を信じるんですか?」

「自分の力だけしか信じません」

「じゃあ、自分で生きているんですか?」

「そうです」

「それはちょっと、おかしいのと違いますか? あなたが自分の力で生きているんでしたら、あなたの思うだけ千年でも万年でも生きられるでしょう。ところが百年、百五十年となったら、どんな人でもアウトですよ。これでは、自分の力で生きているということにはならないでしょう。絶対の力によって生かされ、支えられ、守られているというよりほかに言いようがないはずです」

こう言うと、相手は黙ってしまいました。

プラスのご守護を話す

にをいがけ先では、自分がご守護いただいたことを話すように、皆に言っています。プラスのご守護ですね。がんが治ったとか、そういうご守護を頂いている人をにをいがけに連れていったら、それを話すように言っています。かしもの・かりものの話をする前に。

「私はがんをたすけてもらった」「胃潰瘍《いかいよう》をたすけてもらった」「私のお父さんの血圧が高かったのを、たすけてもらった」とか、「事情をたすけてもらった」というようなプラスのご守護を、最初に言わすんです。

相手は「そんなもんでも治るのかな?」と一応、そんな感じを持つんですね。

「私はそういうご守護を頂いている。それに対するご恩報じとして、伝道をさせてもらっています」というふうに言うて、それに続いて、かしもの・かりものの話に入っていくわけです。

なかには、プラスのご守護が無いという人もいます。

「あんたにはプラスのご守護が無いんか？」

「自分にはありません」

「無かったら、あんたの家はなぜ天理教になってるんや？　天理教になっている以上は、あんたに無ければ、家族か、また親の代か、おじいさん、おばあさんの代に必ずあるでしょう。その場合は、親の代に頂いたご守護、おじいさんの代に頂いたご守護を話したらいい」

　案外、自分の家がご守護を頂いていているという自覚が薄いですね。もっと、たすけていただいているという自覚、その喜びを、大きく受けとめさせてもらわなければいけませんな。

にをいがけの理づくり

巡教先の教会に泊まったら、次の教会へ行くまでに、泊まった教会の周辺をにをいがけに回るんです。

北海道の教会へ巡教したときのことでした。ある家に、私がにをいがけに入ったら、その家の奥さんは最初「いらん」と断りました。

ところが、その翌日、「いらん」と断った奥さんが教会に参ってきた。そして、その人があとで一番熱心な信者になったそうです。

「なんで、あんなに断ったのに参ってきたんや?」

「断られて帰っていくあなたの後ろ姿を見たときに、何かこう、力強い、心引かれるものがあったのです」

やっぱり、にをいの掛かる理づくりが大切なんですね。

天理教になったお坊さん

私はお寺や交番、また病院にも随分《ずいぶん》にをいがけに入りました。お坊さんとか、おまわりさんとか、お医者さんだとかは関係なく、みんな同じような感じで接します。なかには、寺をすっかりやめて、天理教一本になったお坊さんもいます。

夏の暑い日、朝から夕方まで一人でにをいがけに回っていたら、疲れて身体《からだ》がクタクタになってしまいました。足を引きずって教会に帰る途中、眼《め》が真っ赤な人とすれ違ったのです。私がグズグズしてる間に五〇メートルほど離れてしまいました。せっかく眼の悪い人を見かけながら、にをいがけをしないで家に帰ったら、

「なんであの人に、にをいがけしなかったか」

という良心の呵責《かしゃく》にさいなまれるのです。それが嫌《いや》だから、重い足を引きずって、追いかけて話しかけたのです。

「わしは寺の住職や、そんな話はいらん」

「神様のお話は何よりの心の栄養です。身体の悪い人でも病気の人でも、それが治っていく大きな力になると思います。薬を飲んでも、薬自体が効くんじゃなくて、神様の働きによって薬が効くようになるのです。だから、ひと言でもお話を聞いていただいたら、心の栄養になって、あなたの眼の

回復が早くなると思います」
「私は仏教で心の栄養を取ってるから、天理教の栄養はいらん」
「米ばかり召し上がっている人が、たまに麦のご飯を食べたら、米には無い栄養が身につくものです」

そう言うと、お坊さんは私の話に耳を傾けました。でも、もう夕方で、こっちは疲れているし、せいぜい十分かそこらの話で終わったので、寺の場所を聞いたんです。大概は、そんなことを聞いても嘘《うそ》を教えるものですが、そのお坊さんは正直に答えてくれたので、二、三日してから寺に出かけました。

「天理教では『病のもとは心から』といって、日々の心遣《づか》いによって運命が開けてくるのです。眼の悪い人には、〝をしい〟というほこりの心遣いがどうしても伴うものです。出し惜しみ、骨惜しみ、負け惜しみ。まあ、あなたはそんなことはないと思いますけど、一般的にはそういう傾向があるのです。だから負けて結構、バカにされて結構という低い心になっていくことが、眼のご守護を頂く一番の薬です」

「天理教では、そんなふうに教えるのですか？　仏教にはおたすけがないからな。私は出し惜しみ、骨惜しみというのはないけれど、負け惜しみは非常にある」

「だから負けて結構、バカにされて結構、笑われて結構という低い心になったらいいのです。天理教では身体の悪い人に、神様のお願いをさせてもらいます。これからちょっと、お願いさせてもらいますから」

するとお坊さんは嫌と言わずに「やってほしい」と。向こうにしたら、ご祈祷《きとう》のつもりだったのでしょう。その場で、寺の中で、お坊さんにおさづけを取り次いだのですが、私も生まれて初めての経験で、変な気持ちがしました。

そこに奥さんが来たので、続けて話をしました。聞けば、糖尿病で、肝臓も患っているといいます。

「奥さんも身体が悪いのですね。お気の毒です」

そう言うと、その奥さんが打ち明け話を始めたのです。

「うちの寺は、いやらしい寺ですのや」

「なぜですか？」

「檀家《だんか》が寺のことを心に掛けてくれません。ものを言うたら、お寺の不足か私の悪口を言うくらいのことです。それで、私が気を使い過ぎて病気になりました」

「それは奥さん、お気の毒ですね。けれどもね、檀家の皆さんが言うてることの中に、たとえ一つでも真実があるはずです。その真実までも奥さんが不足として聞き流してしまったら……。だから、糖尿病で大事な栄養が流れ出てしまうのです」

「天理教では、そんなふうに悟るのですか？」

奥さんは感心されていました。そして、奥さんにもおさづけを取り次いだのです。

それから三、四日おきに、おたすけに通わせてもらいました。けれども、お坊さんの眼はだんだん悪くなっていく。目に見えて良くなるご守護が無いだけならええけど、反対に悪くなっていくんです。もう、こっちも片身の狭い思いになってきて、「なんとかご守護いただきたい」と二カ月くらい必死でおたすけに通いました。

それでも、もっと悪くなって、盲目同然となり、病院からも「これ以上治療しても……」と暗に断りを入れてくるほどでした。

その病院には、奥さんの義姉という人が付き添いで来ていました。その人は仏教の新しい宗派を信仰していて、お坊さんに「義理でも、うちに入らないかん」と強引に引っ張っていました。

しかし、そのお坊さんは、私にこう言ったのです。

「わしは、あっちは嫌い。天理教が好き」

眼は少しも治らへんのに、好きやと言った。これ、よくよくたすかる理があるんやね。やっぱり、先代の伏せ込みですわ。

そして、こう言いました。

「わしは寺をやめる決心をしました。天理教になります」

「あんた、そんなん寺をやめんでもええやないか。寺をやりながら、天理教の話を聞いたらええ」

「いや、もう寺に未練はありません。やめます。教会に置いてください」

そう言うので、教会に連れていきました。

「あんたお坊さんやけど、天理教の教会に来たら、おつとめをせないかん。教会でお経を上げるのはちょっと……」

「そらもう、教会に来たら、天理教のおつとめをします」

それならと、にをいがけをするように言いました。

「にをいがけと言ってね、身体の悪い人にでも、たとえ一軒でも、ひと言でもええから、神様のありがたいことを……。まあ、あんたはまだ神様がありがたいということは分からんやろうけど、無理にでもありがたいということを言うて回ったら、心通り言うた通りのご守護が返ってくる。ありがたい運命が開けてくるのです。太郎さんと呼びかけたら、太郎さんが振り向いてこっちに来る。花子さんと呼びかけたら、花子さんが振り向いてこっちに来る。ありがたいですよと呼びかけたら、ありがたい運命が振り向いてこっちに来る。嫌だな苦しいな、つらいなと言うたら、嫌な苦しいつらい運命が振り向いてこっちにやって来る。口から出した通りの姿が現れてくるのです。だから、あんたはそれをさせてもらいや。たとえ一人でも一軒でもいいから、ありがたい神様ですからお参りしてください、と言うくらいはできるでしょう」

それで、青年二人が眼の見えないお坊さんの両方から肩を持って、にをいがけに連れていったのです。それから二カ月の間、お坊さんは一日も休まず、にをいがけを続けました。

ある日の夕方、信者宅回りをして帰ってきたら、誰《だれ》かが自転車でスーッと教会に入っていきました。よく見ると、そのお坊さんでした。医者からサジを投げられた人が、わずか二カ月ですっかりご守護を頂いたのです。これこそ、にをいがけのありがたいところですね。

今では、駅前の雑踏の中でも平気で自転車で走ります。まあ、細かい字を見るのはどうか分かりませんが、歩くのには全然支障はないですね。

その元お坊さんは「孫子《まごこ》の代まで天理教を信仰させてもらいます」と話しています。彼は、京都にある禅宗の本山、黄檗山万福寺《おうばくさんまんぷくじ》で四年間修行したこともあるそうです。だから、相当な信念の持ち主なのです。

その元お坊さんが、教会に来た年のお盆のことです。私が家内を横に乗せて車を運転していたら、向こうから真っ黒な服を着た人がやって来る。近づくと、その元お坊さんでした。

「あんた、どうしたんや?」

「ちょっと小遣いに不自由しているので……」

とバツが悪そうに笑っていました。

私が不思議に思うのは、おたすけに行くたびに眼が悪くなっていったのに、しまいには「天理教が好き」と言い、他宗を信仰している義姉が、べったり付き添って世話をしたのに、その宗教には入らなかったことです。人間思案からすれば、そんなことは考えられません。

やはり、神様が入り込まれたのですね。神様が入り込まれたら、いい話だから、ご守護があるから天理教になる、といったことは関係ないんです。この話から、そういうことをつくづく感じます。にをいがけ・おたすけには、人間の考えでは計り知れないものがありますね。

「うちは寺ですよ！」

寺でおさづけを取り次ぐことも随分《ずいぶん》ありましたが、寺へにをいがけに行って、けんもほろろに大声で断られたこともあります。

あるお寺の奥さんに、こう言われました。

「うちは寺ですよ！　あんた、建物を見て入ってきたんですか？」

「お宅はお寺でしょう」

「あんた、あつかましい。なんぼ来ても天理教にはなりません！」

ピシャリと言われて「これはちょっと……」と思ったが、一週間ほどして、また性懲《しょうこ》りもなく、その寺へ行った。

すると、今度はお坊さんが出てきて「どうぞ……」。「どうぞ」と言われて少々、気持ち悪くなった。

「私を引っ張り込んで、何か魂胆《こんたん》があるんじゃないか？」とも思ったが、相手はお坊さんだから、この際、天理教の教理を説いて説いて説きまくってやろうという勇気が出てきた。そして二十分ほど話をして、ひと息入れたのです。すると、そのお坊さんが言いました。

「実は、悩みがあるんですけど、聞いてくれますか？」

その悩みとは、便が出ないということでした。

「便秘で死ぬほどつらい思いをしている。薬を飲んでも駄目《だめ》。こんなことは誰にも言えない」

「出ることと入ることは二つ一つ。吸うて吐《は》く、これは呼吸。食べたら出る。温《ぬく》みと水気《すいき》、陰と陽、男と女。こういう二つのものが一つに調和していく中に、健康な身体、明るい家庭、家業の繁栄という陽気ぐらしができるんです。相対《あいたい》する二つのものが一つに調和するということができていないので、そうなるんです。あなたは入るほうにばかり偏《かたよ》っている。どんどん出していく修養をしなさい。天理教には、悩んでいる人に早く良くなってもらうためのお願いがありますので、これからそのお願いをさせていただきます」

「ちょっと待ってくれ。私は住職やから……」

「そんなん住職さんやら牧師さんやら関係ない。あなたが楽になってもろたら、それでええんや」

向かい合って腰を掛けて話をしていたのですが、そう言ったら、向こうが立ち上がろうとしたので、肩をぐっと押さえて、おさづけを取り次いだのです（まあ、向こうも拝んでいましたけどね）。

おさづけのあと、そのお坊さんは本部に参ると言ってくれました。

「あんたお坊さんやけど、天理教の本部に参っても構いませんか？」

「いや、見聞を広める意味で行かせてもらいます」

お寺というと、ハナから無理だと思って、みんなよう入らんけど、私はよくにをいがけに入りましたね。そやけど、寺でおさづけを取り次いだら、変な感じがしますね。

やはり、どこでもおさづけを取り次ぐということが大事ですね。話だけでは弱いですよ。やっぱり、おさづけをしたら理が通りますから。どこでも、どうでも取り次がないかん。

ところが、最近はおさづけを軽く考えてますね。自分が病気になっても、また側《そば》の人が病気になっても、おさづけを取り次ぐという意思、また、おさづけを取り次いでもらうという心が薄いように思いますね。医者や薬のほうに頼っている。教会長さんでも、そんな人は多いですね。

御供《ごく》さんも、もっともっと信じきって使わせてもらわなきゃいかんです。私なんか、身体の調子が悪うなったら、おさづけと御供さんだけですよ。

いまの人はおさづけを軽く考えてる。これじゃいかん。もっともっと取り次がせてもらわな。

立派な教会長さんや先生はたくさんおるけど、寺でお坊さんにおさづけを取り次いだ人は、あまりおらんやろうなあ。

でも、やっぱり、薄暗い寺で、お坊さんにおさづけをするときは、変な気持ちですね。

必ずご守護くださる

にをいがけというものは、人間思案からすれば無駄《むだ》なことをしているような感じがしますが、その無駄は無駄でないのです。

神様は形を変えて、必ずご守護くださる。この信念を、しっかり持ってもらわないかん。そうでないと、ちょっとにをいがけに行っても、にをいが掛からないと、すぐにやめてしまうことになる。大切なのは、無駄はないという信念です。

そのことを、あらためて思ったのは、朝起会《あさおきかい》の人と話をしたときです。

「あんたがた、毎日回っているのですか？」

「はい、そうです」

「そういうことをして、無駄なことしていると思いませんか？」

「そんなことはありません」

「なんでですか？」

「やったらやっただけ、すべて自分の徳になるからです」

私はその言葉を聞いたとき、少し驚きましたね。天理教でこれだけのことを言える人は、いま何人いるだろうかと。こうしたことをしっかり心に治めていれば、にをいがけに出る大きな心の支えになると思いますよ。

大抵の人はいくらにをいがけに回っても、にをいが掛からんと、それで心を倒す人が多いのです。しかし、その努力は決して無駄ではなく、神様が必ず形を変えてご守護くださるという信念を持つ。これは大事なことだと思いますね。

「私は一年にをいがけに回って……」

「私は二年にをいがけに回って……」

「私は三年、毎日一時間ずつにをいがけに回っていますが、一つも、にをいが掛かりません。これでいいのでしょうか?」

こんな質問をあちこちで受けます。そんなとき、無駄にはならんという話をするのです。教祖《おやさま》でさえ、ご苦労の前半に、にをいは掛かっていません。をびや許しを出されるようになってから、爆発的に伸び広がっていったのです。ひながたの前半は、教祖としての〝伏せ込み〟のようなものかもしれません。そのことを、よく考えてもらいたいですね。

うちの教会では、本当に楽に、にをいが掛かるのですよ。やはり、にをいがけというのは、無駄なことをしているように思いますが、そうではないんです。

管理人ににをいがけ

路上で生活していた青年を連れて、彼の住んでいた地域でにをいがけをしていたときのことです。

あるアパートの入り口に「無断の行商、伝道はお断り」と書いてありました。でも「放り出されたら、そのときはそのときや」と、二人で入っていったのです。

半分くらいの家を回ったところで、管理人に見つかりました。

「許可をもらっているんですか？」

「そんなの、いるんですか？」

「表に書いてあるがな。無断で入ったらいかん」

「私ら学校に行ってないから、字を読めんのです」

そう言うと、変な顔をされました（ポケットに英字新聞を入れてましたから）。

そのとき私は、管理人にお道の話をしたのです。そしたら、非常に感心されました。

「こんないい話だったら、もっと聞かしてもらいたい。いつでもいいから、また来てもらえませんか?」

その管理人は、最初は追い出しに掛かったのに、しまいには「また聞かしてくれ」と言うのです。

「出ていってくれ」と言われたのは、そのときだけでした。それ以外は、うまくやっています。でも、常識から言えば、やはり遠慮しなければいかんですね。にをいがけに行って、非常識なことをしてはいけません。アパートでもマンションでも管理人がいる場合は、感じ悪い印象を与えるのは良くありませんから、一応断って入らなければいけませんね。まあ「警察を呼ぶ」と言われるようなケースには、私は一回もぶつかったことはないですけどね。

天理教はやめられぬ

私がもう少し若かったころは、この教会もいま以上に勢いがありました。それは丹精に丹精を重ねていたからです。にをいを掛けて、悩んでいる人を教会に連れてきて、世話をする。確かに、ややこしいのは大勢おりましたよ。教会に住み込んで、ずっといる人もいました。

振り返ってみたら、あんな道中を、よう通ってきたなと思いますね。いろいろな場所へにをいがけに行って、どんな素性で、どんな経歴を持っているのか分からない人たちを、教会へ引っ張ってくるのですから。今なら、ようしませんよ。年いって、そんなファイトは無いですからね。

でも当時は、気になりませんでした。今から考えたら、えらい苦労やったなと思いますけど、当時は苦労しているという感じはなかったですね。勇んでいるときというのは、そんなものです。やはり、教祖のおっしゃる通りです。お道の人はもっともっと理の苦労、たすけ一条の苦労をしなければいけませんね。

最近でこそなくなりましたが、近所で盗難があると、おまわりさんが教会へ来るんですよ。「あんたとこの人と違うか?」とね。「失礼じゃないか」と言いたくなるんですけど、人相の悪いのが歩き回っているから、疑われたんでしょうね。

そうしたややこしい連中を連れて、にをいがけに回っていると、こちらのほうが教えられることがたびたびで、心が洗われてきます。理屈の多い神経質な私の性格が、かなり変わってきたと喜ばせてもらっているのです。

とにかく楽しかったですね。住み込み人のことで、いろいろと問題も起きましたが、それも治まってしまえば、楽しい思い出ばかりです。

こんなに素晴らしい道は、ほかにありません。

「おまえ、天理教やめたら、もっと偉い人にしてやろう」と言われたかて、やめられませんな。

父を語る——布教ひと筋に生きた八十八年の生涯

村上嗣昭《むらかみつぐあき》　天理教泉東《せんとう》分教会長

早いもので、父（村上領一《りょういち》・天理教泉東分教会三代会長）が出直して、三年半になりました。

このたび道友社より、父の著書『これからこれが仕事や』を出版していただくことになり、望外の喜びと感謝いたしております。亡き父も、にをいがけ・おたすけの奮起をお促しくださるただいまの旬《しゅん》に上梓《じょうし》されることを、心より喜んでいると思います。

顧みますれば、父の八十八年の生涯、ことに三十歳で泉東の三代会長に就《つ》いてから出直すまでの道すがらは、初代の精神そのままの歩みでありました。

父は若いころ「初代の生まれ変わりや」と周りから言われたそうですが、とりわけ、にをいがけの素養は、学生時代から芽生えたようでした。

昭和六（一九三一）年、父は早稲田《わせだ》大学（英文科）に入りました。当時、部内の東大分《ひがしおおいた》分教会初代会長、松井鎌蔵《まついけんぞう》氏が東京で単独布教のさなかにあり、父は「わしも、にをいがけに連れていってや」と頼み、日曜ごとに学生服に角帽といういでたちで家々を回ったと聞いています。

そんな中から「にをいがけの楽しさを植えつけられた」と、当時を振り返っておりました。また、その経験が、以来六十年以上の長きにわたって布教意欲を燃やし続けた〝元一日〟になったと後年、述懐していました。

そんな父が、にをいがけ・おたすけに一念発起した動機は、村上家のいんねんを自覚したことにあります。

昭和三十三年、三代会長夫人（私の母親）が四十一歳で出直したとき、父は、二代三代と立て続けに妻を早く亡くすいんねんを自覚し、「村上家の財産には、ほこりがついている」と悟り、前代までに果たし得なかった先祖伝来の土地を全《すべ》て納消《なっしょう》しました。

身も心も空《から》になると、物に対する執着がなくなり、「不自由さの中から鬱勃《うつぼつ》として、つとめとさづけに対する意欲が湧《わ》いてきた」と語っておりました。

昭和四十二年、私が天理での学生生活を終え、教会に帰るのを待ちかねたように、「今日《きょう》から教会内容を一新する。つとめとさづけの徹底を図る」と宣言しました。

以来、教会の朝夕のおつとめでは、座りづとめのあと六下りずつのまなびを行い、このほかにも朝づとめのあとには、お手直しと鳴物練習を交互に、夕づとめのあとには新たに神饌物《しんせんもの》を供え、泉東につながる身上《みじょう》・事情の方のお願いづとめを毎日勤めるようになりました。

このように、つとめに重きを置いて、心を込めるようになると、それが明日《あす》へのにをいがけの原動力となっていったようです。

父は、毎朝九時になると、教会の家族や住み込みの人を神殿に集めて、「大工さんが道具を持って毎日仕事に行くように、よふぼくにとって、にをいがけ・おたすけに出るのは仕事や。雑用にとらわれておってはいかん」と檄《げき》を飛ばしました。

ある日、どしゃ降りの雨で出かけるのを渋《しぶ》っていると、「今日は最高のにをいがけ日和《びより》や。こういう日は、どの家の奥さんも、買い物は雨がやんでからにするはずや。じっくり話ができる。さあ、勇んでやらせていただこう！」と、自ら先頭に立って叱咤激励《しったげきれい》するのでした。

また、父のにをいがけ・おたすけにかける思いは、部内教会はもとより、布教所、信者にまで及び、また系統を超えて伝播《でんぱ》していったようです。一人でにをいがけに出にくいという人がいると、「出張伝道」と称して出かけ、一緒ににをいがけに回り、勇ませていました。こうした手取り足取りの丹精により、他系統の多くの布教師からも慕われていました。

さらに、父のにをいがけに対する情熱は海外にも向けられました。五十歳を超えてから英会話の勉強を再開し、自ら〝外国人にをいがけ用のパンフレット〟を作り、毎月二回三回と、奈良の東大寺《とうだいじ》や京都の二条城《にじょうじょう》に赴《おもむ》いては、「遠く海外まで行かなくとも外国人布教はできる」と、若い者を連れ歩きました。

そうした中から、四人の外国人よふぼくが誕生し、なかには教会に住み込んで長期の修養をする人も出てきました。あるアメリカ人家族が教会で修養したときには、共に外国人布教に従事するうち、その主人から「外国人専用の伝道寮を建てたい」との申し出があり、おかげで石造りの立派な宿舎ができました。

昭和五十三年ごろから、ハワイ伝道庁の要請を受け、たびたび現地へ赴き、外国人を対象とした布教活動を繰り広げ、数々の不思議なご守護をお見せいただくとともに、現地のよふぼくの方々を奮い立たせたようです。

また父は、にをいがけ・おたすけによって導いた人や、身上や事情で悩み苦しんでいる部内の人を次々と受け入れ、教会の家族として親身の世話取りをしました。

「よふぼくたる者は、悩む者の立場に立って、共に苦しみ、共に祈り、共に喜びを分かち合っていく中に、よふぼくとしての使命が果たされ、自らのいんねんの切り換えもできて、親となる理ができるんや」とかねがね話していましたが、時には重度の精神障害の女性をたすけるために、夫婦で寝食を共にしたこともありました。

また、心を病んだ粗暴な男性や、非行少年をたすけるために、断食を繰り返したり、深夜零《れい》時から十二下りを勤め、しばしば借金をして理立てを大教会へ運ぶなど、心を砕いて真実の限りを尽くし、大勢の住み込み人を布教師へと育て上げました。

昭和五十八年、四十年間務めた会長職を辞するとき、「私が会長をやめたからというて、何も引退するわけではない。むしろこれから、今までできなかったことを大いにやりたい。そして、できれば布教の道中に出直してゆきたい」と話していました。

その言葉通り、八十路《やそじ》を越えても布教意欲は衰えるどころか、マイクロバスに車いすを積んで、皆とあちらこちらへにをいがけと丹精に回り、晩年は大阪教区の「若道会《わかみちかい》」に赴いては、講義と実動の指導を唯一の生きがいとしていました。

生前、父はよく「出直しの鮮やかな人は、来生、結構な運命のもとに生まれ変わってくる」と言っていましたが、その言葉通り、平成《へいせい》十一（一九九九）年九月三日、まさに真っ赤な夕日が西の空に沈んでいくように、子や孫たちに看取《みと》られながら、眠るがごとく出直してゆきました。

このように、父は生涯、たすけ一条の道を身をもって歩みましたが、その道すがらと、遺《のこ》した功績《いさおし》を記憶に留《とど》めるのみならず、教祖《おやさま》百二十年祭に向かう三年千日の門出の旬に、父の布教に捧《ささ》げた精神を心に深く刻み込み、新たなる飛躍と前進を念願する次第であります。

●著者略歴

明治45年（1912年）　大阪生まれ
昭和６年（1931年）　早稲田大学第１高等部入学
８年（1933年）　おさづけの理拝戴
11年（1936年）　天理教校別科第56期卒業
18年（1943年）　泉東分教会３代会長就任
23年（1948年）　高安大教会役員
49年（1974年）　外国人布教開始
53年（1978年）　ハワイで布教指導（54・55年も）
56年（1981年）　よのもと会講師（〜平成元年）
天理大学伝道課程講師（〜２年）
58年（1983年）　泉東分教会長辞任
平成11年（1999年）　出直し〔享年88歳〕

これからこれが仕事や

立教166年（2003年）5月1日　初版第1刷発行

著　者　村上領一

発行所　天理教道友社
〒632-8686　奈良県天理市三島町271
電話　0743（62）5388
振替　00900-7-10367

TENRIKYO DOYUSHA

印刷所　株式会社天理時報社
〒632-0083　奈良県天理市稲葉町80

ISBN 4-8073-0481-X
定価はカバーに表示